新双双中文教材 5
New Chinese Language and Culture Course

中文课本 Chinese Textbook
第五册 Volume V

［美］王双双 编著

北京大学出版社
PEKING UNIVERSITY PRESS

图书在版编目（CIP）数据

中文课本. 第5册 /（美）王双双编著. —2版. —北京：北京大学出版社，2016.1
（新双双中文教材）
ISBN 978-7-301-26419-5

Ⅰ.①中… Ⅱ.①王… Ⅲ.①汉语－对外汉语教学－教材 Ⅳ.①H195.4

中国版本图书馆CIP数据核字（2015）第250607号

书　　　名	中文课本（第五册）（第二版）
著作责任者	[美] 王双双　编著
责 任 编 辑	邓晓霞
标 准 书 号	ISBN 978-7-301-26419-5
出 版 发 行	北京大学出版社
地　　　址	北京市海淀区成府路205号　100871
网　　　址	http://www.pup.cn　新浪官方微博：@北京大学出版社
电 子 信 箱	zpup@pup.cn
电　　　话	邮购部 62752015　发行部 62750672　编辑部 62767349
印 刷 者	北京宏伟双华印刷有限公司
经 销 者	新华书店
	889毫米×1194毫米　16开本　19印张　168千字
	2006年2月第1版
	2016年1月第2版　2025年7月第6次印刷
定　　　价	128.00元（含课本、练习本、识字卡、音频）

未经许可，不得以任何方式复制或抄袭本书之部分或全部内容。
版权所有，侵权必究
举报电话：010-62752024　电子信箱：fd@pup.pku.edu.cn
图书如有印装质量问题，请与出版部联系，电话：010-62756370

第二版序

能够与北京大学出版社合作出版"双双中文教材"的第二版，让这套优秀的对外汉语教材泽被更多的学生，加州中文教学研究中心倍感荣幸。

这是一套洋溢着浓浓爱意的教材。作者的女儿在美国出生，到了识字年龄，作者教她学习过市面上流行的多套中文教材，但都强烈地感觉到这些教材"水土不服"。一解女儿学习中文的燃眉之急，是作者编写这套教材的初衷和原动力。为了让没有中文环境的孩子能够喜欢学习中文，作者字斟句酌地编写课文；为了赋予孩子审美享受、引起他们的共鸣，作者特邀善画儿童创作了一幅幅稚气可爱的插图；为了加深孩子们对内容的理解，激发孩子们的学习热情，作者精心设计了充满创造性的互动活动。

这是一套承载着文化传承使命感的教材。语言不仅仅是文化的载体，更是文化重要的有机组成部分。学习一门外语的深层障碍往往根植于目标语言与母语间的文化差异。这种差异对于学习中文的西方学生尤为突出。这套教材的使用对象正处在好奇心和好胜心最强的年龄阶段，作者抓住了这一特点，变阻力为动力，一改过去削学生认知能力和智力水平之"足"以适词汇和语言知识之"履"的通病。教材在高年级部分，一个学期一个文化主题，以对博大精深的中国文化的探索激发学生的学习兴趣，使学生在学习语言的同时了解璀璨的中国文化。

"双双中文教材"自2005年面世以来，受到了老师、学生和家长的广泛欢迎。很多觉得中文学习枯燥无味而放弃的学生，因这套教材发现了学习中文的乐趣，又重新回到了中文课堂。本次修订，作者不仅吸纳了老师们对于初版的反馈意见和自己实际使用过程中的心得，还参考了近年对外汉语教学理论及实践方面的成果。语言学习部分由原来的九册改为五册，一学年学习一册，文化学习部分保持一个专题一册。相信修订后的"新双双中文教材"会更方便、实用，让更多学生受益。

张晓江

美国加州中文教学研究中心秘书长

第一版前言

"双双中文教材"是一套专门为海外青少年编写的中文课本，是我在美国八年的中文教学实践基础上编写成的。在介绍这套教材之前，请读一首小诗：

一双神奇的手，
推开一扇窗。
一条神奇的路，
通向灿烂的中华文化。

鲍凯文　鲍维江

鲍维江和鲍凯文姐弟俩是美国生美国长的孩子，也是我的学生。1998年冬，他们送给我的新年贺卡上的小诗，深深地打动了我的心。我把这首诗看成我文化教学的"回声"。我要传达给海外每位中文老师：我教给他们（学生）中国文化，他们思考了、接受了、回应了。这条路走通了！

语言是一种交流的工具，更是一种文化和一种生活方式，所以学习中文也就离不开中华文化的学习。汉字是一种古老的象形文字，她从远古走来，带有大量的文化信息，但学起来并不容易。使学生增强兴趣、减小难度，走出苦学汉字的怪圈，走进领悟中华文化的花园，是我编写这套教材的初衷。

学生不论大小，天生都有求知的欲望，都有欣赏文化美的追求。中华文化本身是魅力十足的。把这宏大而玄妙的文化，深入浅出地，有声有色地介绍出来，让这迷人的文化如涓涓细流，一点一滴地渗入学生们的心田，使学生们逐步体味中国文化，是我编写这套教材的目的。

为此我将汉字的学习放入文化介绍的流程之中同步进行，让同学们在学中国地理的同时，学习汉字；在学中国历史的同时，学习汉字；在学中国哲学的同时，学习汉字；在学中国科普文选的同时，学习汉字……

这样的一种中文学习，知识性强，趣味性强；老师易教，学生易学。当学生们合上书本时，他们的眼前是中国的大好河山，是中国五千年的历史和妙不可言的哲学思维，是奔腾的现代中国……

总之，他们了解了中华文化，就会探索这片土地，热爱这片土地，就会与中国结下情缘。

最后我要衷心地感谢所有热情支持和帮助我编写教材的老师、家长、学生、朋友和家人。特别是老同学唐玲教授、何茜老师和我女儿Uta Guo年复一年的鼎力相助。可以说这套教材是大家努力的结果。

王双双

课程设置（建议）

序号	书名	适用年级
1	中文课本　第一册	幼儿园/一年级
2	中文课本　第二册	二年级
3	中文课本　第三册	三年级
4	中文课本　第四册	四年级
5	中文课本　第五册	五年级
6	中国成语故事	六年级
7	中国地理常识	六年级
8	中国古代故事	七年级
9	中国神话传说	七年级
10	中国古代科学技术	八年级
11	中国民俗与民间艺术	八年级
12	中国文学欣赏	九年级
13	中国诗歌欣赏	九年级
14	中国古代哲学	十年级
15	中国历史	十年级

目录

第一课　古诗 …………………………………… 1

第二课　小虫和大船 …………………………… 7

第三课　说不准 ………………………………… 12

第四课　坏习惯 ………………………………… 19

第五课　养兔日记 ……………………………… 25

第六课　妈妈教我写日记 ……………………… 30

第七课　都来讲故事 …………………………… 35

第八课　要是你在野外迷了路 ………………… 40

第九课　狼朋友 ………………………………… 45

第十课　刘姥姥吃鸡蛋 ………………………… 51

第十一课　时间伯伯 …………………………… 57

第十二课　门铃 ………………………………… 62

第十三课	东郭先生和狼	67
第十四课	珊瑚	73
第十五课	节约是美德	77
第十六课	参观兵马俑	83
第十七课	丁龙先生的梦	89
第十八课	牛郎织女	95
第十九课	野骆驼	101
第二十课	梁山伯与祝英台	106
生字表（简）		111
生字表（繁）		114
生词表（简）		117
生词表（繁）		121

第一课

古 诗

长歌行

汉朝乐府(cháo fǔ)诗*

百川东到海，

何时复西归？

少壮不努力，

老大徒伤悲！

刘艺 画

【注释(shì)】

　　这是一首乐府诗中的最后四句，意在劝人们努力向上。

【诗词大意】

　　河水东去，不会倒流，时间也是一去不回。每个人应该在年轻(qīng)的时候努力进步，不然，老了一事无成，后悔(huǐ)可就晚了。

　　*乐府：汉朝的一种诗歌形式。

王金泰　画

春晓

（唐）孟浩然(hào)

春眠不觉晓，

处处闻啼鸟。

夜来风雨声，

花落知多少？

【注释】

春晓：春天的早晨。
不觉晓：天亮了都不知道。

【诗词大意】

春天的觉睡得香，天亮了都不知道，醒来就听到四周鸟的啼叫。昨夜好像有风声雨声，不知道这一夜又有多少花朵被(bèi)风雨打落了。

生词

gǔ shī 古诗	ancient poetry	shāng bēi 伤悲	sad, sorrowful
chuān 川	river	chūn xiǎo 春晓	spring morning
hé shí 何时	when	táng 唐	Tang (Dynasty)
fù 复	again	mèng 孟	*a surname*
guī 归	return	mián 眠	sleep
shào zhuàng 少壮	young and vigorous	wén 闻	hear; smell
nǔ lì 努力	make efforts	tí 啼	crow
tú 徒	in vain		

默写

古诗《长歌行》和《春晓》

多音字

shǎo
少

shǎo
你想买多少苹果呀？

shǎo
今年雨水少，草都黄了。

shào
少

shào　　lìngyíng
今年北京有青少年夏令营。

shào
少壮不努力，老大徒伤悲。

反义词

有——无　　　早——晚　　　老——少

借——还　　　高——低　　　日——夜

词语运用

努力

① 弟弟学中文很努力，他会写很多字了。

② 小乌龟伸着头，努力向前爬。

闻

① 你闻一闻，这些花多香啊！

② 两耳不闻窗外事。

 读一读

写给朋友的信

小华：

我和你说说心里话。我多想跟你好好玩儿一天啊！可是我们的作业太多了，做也做不完。我连星期天也要学习，哪有时间玩儿呢？

有一天晚上，我做了个梦，梦见我们开着一架小飞机飞上了天空。我们一边数星星，一边看着流星从身边飞过……正高兴时，突然听到老师的声音："李明，快来上课。"又看见爸爸生气地说："你不学习，又疯(fēng)什么？"唉(ài)，连做梦也没玩儿好。

小华，我知道贪玩儿是

刘艺 画

不对的，但我还是想玩儿。等春节时，你来我家好好玩儿一天，我们一起放烟(yān)花、放鞭炮(biān pào)好吗？

祝(zhù)你

进步！

冬冬

9月8日

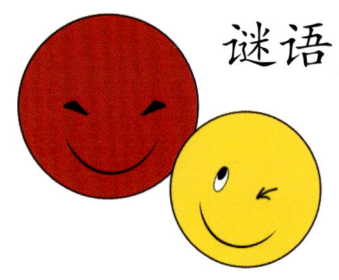

谜语

兄弟两个一样长，

一日三餐(cān)它们忙，

不吃饭菜(cài)不喝汤(tāng)，

甜味苦味它先尝(cháng)。

（打一餐具）

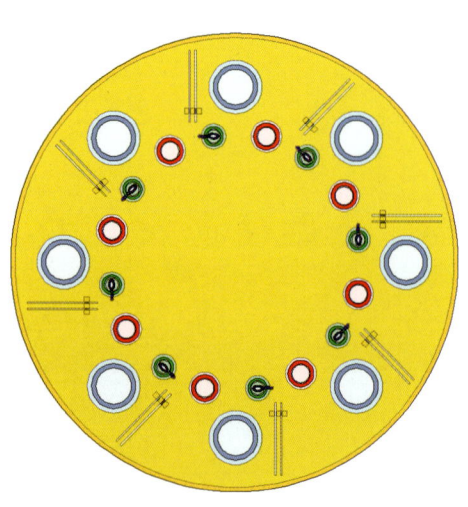

第二课

小虫和大船

从前,一家船厂正在造一条大船。

有个工人选了一块木板,大小正好,就想用它。可他再一看,木板上有个虫蛀的小孔,就对船主说:"这块木板有蛀虫,不能用了。"船主看了看,说:"这么个小孔,出不了(liǎo)大事。"他就让工人把那块木板钉到船上去了。

大船造好了,在海上航行了几年,没出什么事儿。可是后来,蛀虫越来越多,船上出现了许多小孔。

有一次,船上装满了货物,在海上航行。海上起了大

钟岳 画

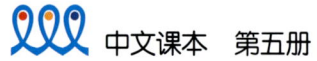

风，船在风浪里摇晃着。虫蛀的木板被浪头打穿了，海水直往船里灌。船主让船工们赶快排水，可是没用了。海水越灌越多，船慢慢地往下沉。一个巨浪打来，船就沉没了。

小小的蛀虫，沉了一条大船。

生词

造 zào	build	货物 huò wù	cargo
选 xuǎn	choose	摇晃 yáo huàng	shake
木板 mù bǎn	board	被 bèi	used to form a passive verbal phrase
蛀虫 zhù chóng	moth	灌 guàn	pour, fill
钉 dìng	nail	赶快 gǎn kuài	hurriedly
航行 háng xíng	sail	排水 pái shuǐ	drain off water
许多 xǔ duō	many; much	沉没 chén mò	sink
次 cì	measure word		

听写

造　选　木板　钉　许多　次　货物　被　赶快

*排水

比一比

排 { 排队 / 排水 }　　造 { 造船 / 造句 }　　厂 { 船厂 / 厂长 }

板 { 木板 / tiě 铁板 }　　赶 { 赶走 / 赶快 }　　选 { 挑选 / 选出 }

多音字

liǎo
了

liǎo
一个小孔，出不了大事。

liǎo
你了解这件事吗？

le
了

le
别说话了，请安静！

le
哥哥在北京住了五年了！

méi
没

méi
没事儿，我不害怕！

mò
没

mò
大船沉没了。

句型

越……越……

- 蛀虫越来越多，船上出现了许多小孔。
- 海水越灌越多，船慢慢地往下沉。
- 哥哥越长越高。
- 雨越下越大。

词语运用

工厂　　农场

① 上海有许多工厂。

② 山里有一个小农场。

被

① 这一夜不知道有多少花朵被风雨打落了。

② 懒汉被邻居骂了一顿。

③ 虫蛀的木板被浪头打穿了。

回答问题

1. 船主说：“这么个小孔，出不了大事。”这样说对吗？

2. 船主为什么让工人用有蛀虫的木板？

3. 大船造好了，是马上就坏了吗？

4. 你相信小小的蛀虫能沉了一条大船吗？

绕口令

金瓜瓜，银瓜瓜，
　　péng
瓜棚下面结满瓜。

瓜瓜落下来，
　　zháo
打着小娃娃，

娃娃叫妈妈。

第三课

说不准

老和尚和小和尚在庙前种了一片麦子。麦苗出土后,绿油油的,很可爱。小和尚看着麦苗心里非常高兴,就说:"师父,今年咱们一定能收许多麦子,有白面吃了!"可老和尚却摇摇头说:"说不准哪!"

这一年,因为雨水多,所以麦子长得非常好,眼看就要收麦子了。小和尚又问:"师父,这回麦子准能收到手了吧?"老和尚还是那一句话:"说不准哪!"夏天,麦子熟了,老和尚和小和尚把麦子收到庙中,磨成了雪白的面粉。小和尚指着面粉高兴地说:"师父,怎么样,这回麦子到手了吧?"哪知道老和尚

王金泰　画

还是摇摇头,又是那句话:"说不准哪!"小和尚真有点儿不服气了:"麦子都磨成面了还不算收吗?"

王金泰　画

这天,小和尚做了一碗香喷喷(pēn)的面条,准备给老和尚吃。他端着热面条,边走边高兴地喊:"长老,您看!这回准能吃到面条了吧?""说不……"老和尚的话还没说完,小和尚不知被什么绊倒了,碗从小和尚的手里飞了出去,"砰(pēng)"地一声,掉在地上打碎了,碗里的面条全都倒在地上了。

唐朝古庙

生词

shuō bu zhǔn 说不准	can't say for sure	miàn fěn 面粉	wheat flour
mài zi 麦子	wheat	suàn 算	count, reckon
miáo 苗	seedling	wǎn 碗	bowl
lǜ yóu yóu 绿油油	green and lush	zhǔn bèi 准备	prepare
shī fu 师父	master; teacher	duān 端	hold sth. level with both hands
què 却	and yet	ba 吧	*auxiliary word*
suǒ yǐ 所以	so	bàn dǎo 绊倒	stumble
shú 熟	ripe	suì 碎	broken
mò 磨	grind, mill		

听写

师父　所以　准备　麦子　苗　却　算　面粉

一碗　*绊倒　碎　熟

比一比

准 { 准备 / 说不准 }　　　算 { 算数 / 算一算 }

多音字

mó
磨
mó　mó
刀磨一磨就好用了。

mò
磨
mò
麦子磨成了白面。

dǎo
倒
dǎo
小和尚被绊倒了。

dào
倒
dào
碗里的面条倒在了地上。

句 型

因为……所以……

- 小华因为有病,所以没来上课。
- 因为雷雨,所以飞机不能起飞。
- 因为雨水多,所以麦子长得好。

> 词语运用

面粉　面条　上面

① 不要把面粉倒在地上。

② 我和哥哥都喜欢吃面条。

③ 小蚂蚁坐在落叶上面，落叶是它的小船。

说不准　准备好

① 明天是不是下雪，可说不准。

② 在去滑雪之前要准备好滑雪衣裤。

> 回答问题

1. 老和尚的话有没有道理？

2. 为什么说麦子收到庙中还不算数？

3. 生活中你有没有碰到过这种事情？

读一读

数学谜语(mí)

(小相声)(xiàng)

甲：我给你出一个数学谜语。

乙：我喜欢猜(cāi)谜语。

甲：好，你猜这个：一加一不等于二，等于一个字。

乙：这太容易了，"一(yì)"字下边是个加号(hào)，加号下边又是个"一"字，是"王"字。

甲：行，你不笨(bèn)。我再给你出一个难的。一减(jiǎn)一不等于零(líng)。

乙：等于三，是个"三"字。

甲：不对，是工人的"工"字。

乙：哦(ò)，减号竖(shù)起来了。应该说"三"也对，"工"也对。

甲：你再猜一个：十口。

乙：这是个"古(gǔ)"字。古代的"古"。

甲："十"要是在口里边呢？

乙：那就是"田"字，田地的"田"字。

甲：等等，还没完呢！别看这个谜语简单，可有学问。"田"字的一竖要是上边出头，就是自由的"由"字；下边出头就是指甲的"甲"字。

乙：还有一个字，你没说到，上下都出头就是"申"字。

谜语

小小虫，嗡嗡嗡，

飞来飞去花丛中。

采花蜜，传花粉，

人人夸它爱劳动。

（打一动物）

安晓燕　画

第四课

坏习惯

从前有个小和尚，出家不久，觉得整天清扫院子、做饭太简单，没什么意思，就请师父教他点儿技术。

王金泰　画

师父说："那你就学剃头吧。"他告诉小和尚，剃光头要小心，刮重了，会刮出血来；刮轻了，头发刮不下来。小和尚说："明白了，我一定听师父的话。"老和尚让他先在冬瓜上练习。小和尚每天从早到晚，用心地练，有时连饭都忘了吃。

后来，小和尚的技术越来越好了。可他就是有个坏习惯，每次刮完冬瓜后，总是把剃刀"噌(cēng)"地一下插在冬瓜上。师父叫小和尚别这样做，这种习惯不好。可是小和尚不听。他想：这不是练习吗？又不是人的脑袋！每次背着老和尚，他还是这么做。

一天，师父叫他给剃头，小和尚剃得又快又好。可是，习惯成自然，当他剃完时，刚要把剃(tì)刀往下插，师父"阿嚏"一声打了个大大的喷(pēn)嚏，小和尚吓了一跳，手里的剃刀也掉在了地上。看见地上的剃刀，小和尚吓出一身冷汗，心想：谢天谢地，这次可不再是冬瓜了！

生 词

xí guàn 习惯	habit	zhòng 重	heavily
zhěng tiān 整天	all day	xiě 血	blood
sǎo 扫	sweep	qīng 轻	lightly
jiǎn dān 简单	simple, easy	liàn xí 练习	practise
yì si 意思	interest; meaning	wàng 忘	forget
jì shù 技术	technology, technique	chā 插	insert
tì tóu 剃头	have one's hair cut	nǎo dai 脑袋	head
guā 刮	shave		

听写

整天　扫　技术　刮　重　轻　血　忘　练习

简单　*习惯　脑袋

多音字

chóng	zhòng
重	重

chóng
作业太乱了，得重写一遍。

chóng
鞋太小了，得重新买一双。

zhòng
书包太重了。

zhòng shì
我们重视中文学习。

句型

又……又……

- 小和尚剃头又快又好。
- 哥哥的新车又好看又好开。
- 他长得又高又大。

词语运用

没意思　　有意思

① 小和尚觉得天天扫地没意思。

② 小平看两只袋鼠打着玩儿，觉得很有意思。

用心　　小心

① 上课时，我们要用心听讲。

② 师父告诉小和尚剃头一定要小心。

词语解释

出家——人离开家去庙里当和尚。

背着——躲着，不让别人知道。

思考题

1. 小和尚剃头有个坏习惯，是什么？

2. 小和尚为什么没改掉坏习惯？

3. 你有什么好习惯？说给大家听听。

读一读

好习惯

陈小杰（四年级）

今年，我的目标(biāo)是把字写整齐。

以前，我喜欢快快把作业做完。我希望第一个把作业交上去。你不知道第一名的感觉有多好。可是我的字写得不好看。有时，老师也不能读我的字。如果我的字不整齐，别人就不知道我想说的话。所以我决定改掉这个坏习惯。

改掉坏习惯也不太难，只要每次写字慢一点，字就整齐了。

 谜语

有河没有水，

有城没人住。

有路没有车，

有山不长树。

（打一用品）

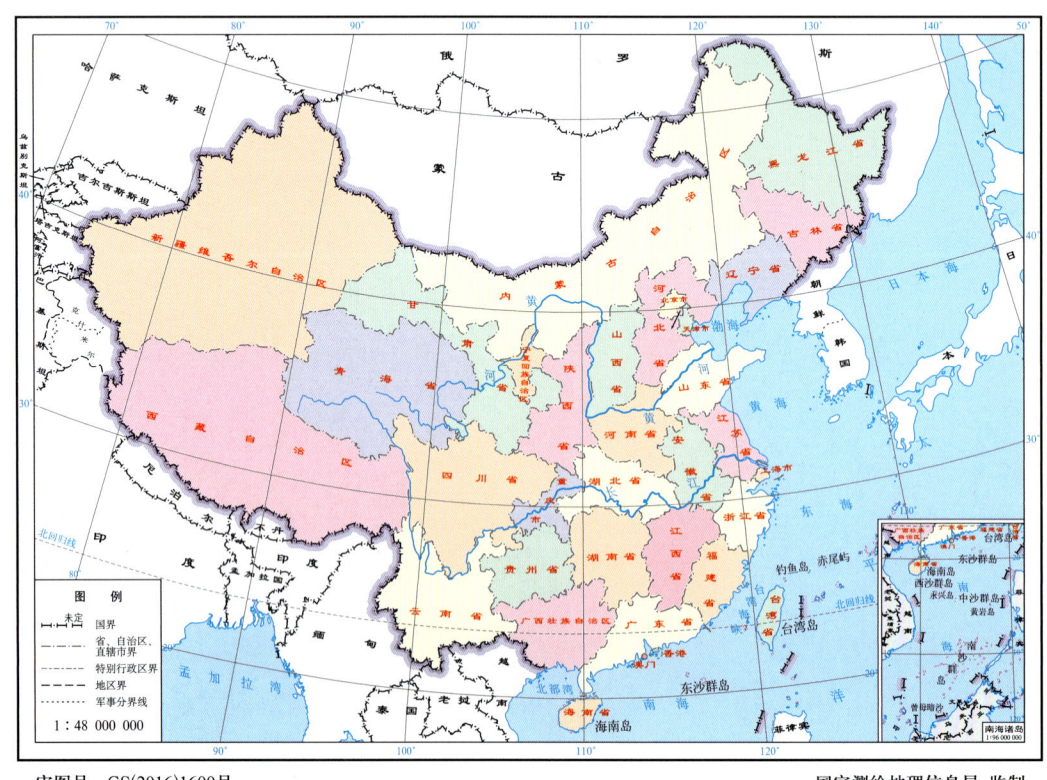

第五课

养兔日记

3月23日　（星期二）　晴

　　我参加了学校的养兔小组，真高兴！

　　早晨，我一到学校就拿了些青草、白菜叶去喂小兔子。刚好李老师看见了，发现有一些白菜叶子烂了。他说："坏了的东西，兔子吃了会生病的。"又说："带水的草，兔子吃了也会生病，一定要先晾一晾。"

　　李老师还告诉我不少养兔的知识。比如喂兔子要定时定量。一只兔子，一天吃一斤左右的草，要分三次喂。兔子喜欢在夜里吃东西，晚上那一次要多给点儿。天热的时候，还要让兔子多喝点儿水。

4月7日　（星期一）　小雨

　　一只母兔快要生小兔了，我多么高兴啊！李老师叫我拿些软草放在兔子窝里，怕小兔生下来着凉。

4月14日　　（星期一）　　阴

小兔生下三天了，我们洗干净了手，李老师抱起母兔，数了数小兔，一共四只。小兔睡在一起，都闭着眼睛。我正要扒开一只小兔的眼睛，想看看是不是红的，李老师说："不能扒，会伤了小兔的眼睛。再过十多天，小兔自己会睁开眼睛的。"

我们把大麦和新鲜的菜叶给母兔吃，母兔吃得可香啦！

Richard Yee　画

生词

rì jì 日记	diary	dìng liàng 定量	fixed amount or quantity
qíng 晴	sunny	jīn 斤	jin (unit of weight)
xiǎo zǔ 小组	team	ruǎn 软	soft
zǎo chén 早晨	morning	yīn 阴	overcast
gāng hǎo 刚好	happen to	gān jìng 干净	clean
fā xiàn 发现	find	bā kāi 扒开	push aside
làn 烂	rot	zhēng kāi 睁开	open (the eyes)
liàng 晾	dry in the air	xīn xiān 新鲜	fresh
zhī shi 知识	knowledge	xiāng 香	delicious; fragrant

听写

晴　小组　烂　知识　定量　软　阴　*睁开

比一比

{ 晾（晾衣服）
{ 京（北京）

{ 刮（刮风）
{ 乱（乱扔）

{ 睁（睁开）
{ 净（干净）

{ 晴（晴天）
{ 睛（眼睛）

词语运用

发现

① 李老师发现一些菜叶子烂了。

② 我发现母兔快要生小兔了。

知识

① 我学到了许多养兔的知识。

② 我爷爷什么都懂，是个很有知识的人。

 谜语

弟弟长来哥哥短，
天天赛跑(sài)大家看。
弟弟跑了十二圈(quān)，
哥哥刚刚跑一圈。

（打一物）

第六课

妈妈教我写日记

今天妈妈送我一本书,叫《蚯蚓的日记》,我一看,原来是一条小蚯蚓写的日记,其中两篇是这样的:

4月15日　晴

　　今天我忘了带午饭,

　　肚子太饿了,

　　只好把作业吃了。

　　老师叫我写十遍"我以后不吃作业了"。

　　写完以后,

　　我把那张纸也吃了。

5月15日　晴

　　今天我和蜘蛛吵架了,他跟我说:"有脚才算酷!"

　　说完他就跑了,我追不上他。他说得没错。

蚯蚓的日记,看得我哈哈大笑。妈妈又拿来了她小时候的日记:

6月2日

今天学校开晚会，我上舞台表演舞蹈《小松树》。

我们在台上站好，手里拿着树叶，像小松树一样。可是一只小虫飞到我的鼻子上，我打了一个大喷嚏(pēn tì)。台下的小朋友哈哈大笑，指着我说："那棵树会打喷嚏！"我的脸红了。

后来开始表演，我忘了这回事儿，跳得很高兴。小朋友们说："会打喷嚏的树跳得最好。"

原来妈妈小时候爱跳舞，还在台上打喷嚏，太可爱了。读日记真有意思，可是写日记难吗？

妈妈说："写日记不难，就是把一天身边发生的事和想法写下来。《跳舞打喷嚏》的日记是一篇小文章，有开头，有中间，有结尾。像蚯蚓写的日记，只有几句话，也很有趣。你想试试吗？"

我点点头说："记住了。"我开始写日记了，像蚯蚓一样，每天写几句。一个月后，自己一读，哇，真好玩儿！我记下了那么多有趣的事情。

生词

qiū yǐn 蚯蚓	earthworm	biǎo yǎn 表演	perform
piān 篇	measure word	wǔ dǎo 舞蹈	dance
chǎo jià 吵架	quarrel	wén zhāng 文章	article
kù 酷	cool	jù 句	sentence
wǎn huì 晚会	evening party	wā 哇	Wow
wǔ tái 舞台	stage		

听写

吵架　舞台　表演　舞蹈　句子　文章　晚会

比一比

舞 { 舞蹈 / 跳舞 }　　　　午 { 午饭 / 中午 }

词语运用

像……一样

① 我像蚯蚓一样，每天写日记。

② 妹妹的小脸红得像苹果一样。

文章

① 日记可以是一篇文章，也可以是几句话。

② 这是谁写的文章？真有意思。

如何写日记

写日记要注意的地方：（zhù）

- 写真人真事；
- 日记形式自由，可长可短（文章和小片段都行）；（shì / duàn）
- 写上日期。

练习写日记

准备一个日记本；

每天写一点，三句五句都行（可加图）；

一个月后自己读一读，一定会笑。

3月5号

妈妈给我买了一双新鞋。我穿上新鞋跑步一点儿都不累。

新鞋，你累吗？

第七课

都来讲故事

"狐狸总是在夜里干坏事，它盼望着黑夜长长的，可是每当公鸡一叫，白天就来了。狐狸想：是公鸡把白天叫来的。于是它就在一个黑黑的夜晚，把公鸡咬死了。可是没有了公鸡，白天照样到来，于是狐狸……"

这是一个故事的开头，后来会怎样呢？

李老师回家后，问她的先生。先生是一位工程师，想了好半天才说："我想不出来。"不知道他的想象力到哪里去了，他可是上过大学的！

上班后，李老师又把这个故事的开头讲给数学老师听，数学老师想了想说："狐狸只好抓紧夜里的时间，提高效率（xiào lǜ），多咬死几只公鸡。"李老师笑了，这像是给学生讲数学一样，能算是一个好故事吗？

李老师又把这个故事的开头在五年级课堂上讲了，没想到学生们却让这个故事生动起来了。

一个胖胖的男孩儿说:"狐狸最后明白了,是太阳带来了白天,它又要去吃掉太阳。一天早晨,狐狸看到太阳从东方升起来,就向东跑去,它想追上太阳,咬死太阳。狐狸越跑越快,可是太阳却离它越来越远……"

刘艺 画

又有一个女孩儿讲道:"一天傍晚,狐狸在湖边,突然发现太阳在湖里洗澡。它想:虽然你白天在天上,但是你也有落下来的时候。现在你在湖里洗澡,我正好抓住你,看你往哪儿跑!它向水中的太阳扑过去,在水里大打出手,可是只打了几下,就沉到了水里。"

最后,李老师说:"孩子们,你们的故事讲得太好了!小朋友们一定爱听。"

生词

zǒng 总	always	zhuā jǐn 抓紧	seize
pàn wàng 盼望	long for	tí gāo 提高	improve
yú shì 于是	so	shēng dòng 生动	vivid, lively
sǐ 死	die	zhuī 追	chase
zhào yàng 照样	just the same	bàng wǎn 傍晚	nightfall
gōng chéng shī 工程师	engineer	suī rán 虽然……	although…(but)…
xiān sheng 先生	husband; Sir, Mister (Mr.)	dàn shì 但是……	
xiǎng xiàng lì 想象力	imagination	xǐ zǎo 洗澡	take a bath

听写

总　盼望　工程师　抓紧　提高　死　虽然　追　洗澡　*傍晚

多音字

好 hǎo

你好! hǎo

他学习很好。hǎo

好 hào

李华爱好打篮球。hào

爸爸喜好书法。hào

句型

虽然……但是……

- 她虽然个子不高，但是跑得很快。
- 虽然你说得有道理，但是他还是不听。

词语运用

于是

① 狐狸怕公鸡一叫，白天就来了，于是咬死了公鸡。

② 我喜欢吃包子，于是就跟奶奶学做包子。

却

① 狐狸越跑越快，可是太阳却离它越来越远了。

② 姐姐英文很好，却不会中文。

"把"字句

她把门和窗户都打开了。

他把这件事忘了。

他把每件事都做好了。

他把每本书都看了一遍(biàn)。

你把中文课本带来了吗?

她把房间收拾(shí)得干干净净。

请你把门关上。

第八课

要是你在野外迷了路

要是你在野外迷了路,

可千万别慌张,

大自然有很多天然的指南针,

会告诉你准确的方向。

太阳就是个向导,

它在天空给你指点方向:

中午的时候它在南边,

地上的树影正指着北方。

北极星是指路灯,

它永远高挂在北方。

要是你能认出它,

就不会在黑夜里乱闯。

要是碰上阴雨天,

大树也会来帮忙,

枝叶多的一面是南,

枝叶少的一面是北。

雪花特别怕太阳,

山南面的雪化得快,

山北面的雪化得慢,

只要看看山上的雪,

就知道哪儿是北,哪儿是南。

要是你在野外迷了路,

可千万别慌张,

大自然有很多天然的指南针,

只要你细细观察,多多去想。

生 词

迷路 mí lù	lose one's way	树影 shù yǐng	shadow of a tree
千万 qiān wàn	definitely	北极星 běi jí xīng	Polaris; North Star
慌张 huāng zhāng	panic	永远 yǒng yuǎn	forever
天然 tiān rán	natural	闯 chuǎng	rush
指南针 zhǐ nán zhēn	compass	特别 tè bié	especially
准确 zhǔn què	accurate	细 xì	carefully; thin
方向 fāng xiàng	direction	观察 guān chá	observe
向导 xiàng dǎo	guide		

听 写

方向　指南针　迷路　向导　树影　永远　闯　细　特别　慌张　*观察

句 型

只要……就……

- 只要你动脑子,就不会迷路。

- 只要你每天都好好儿刷牙,就不会牙疼。

要是……就……

- 我要是有时间，就去打羽毛球。
- 你要是想看电影，就不能去奶奶家了。
- 要是你有时间，就帮妈妈洗洗碗。

词语运用

准备　准确

① 赶快准备一下，马上要走了。

② 这个数字很准确。

树影　电影

① 中午，树影正指着北方。

② 听说最近又出了一部新电影，名字叫《木兰》。

回答问题

1. 白天、黑夜怎么认方向？

2. 下雨天和化雪天怎么认方向？

读一读

静夜思

（唐）李白

床前明月光，

疑是地上霜。
（yí / shuāng）

举头望明月，
（jǔ）

低头思故乡。

刘艺　画

【注释】

静夜思：安静的夜晚引起的思念。（niàn）

举头：抬头。

【诗词大意】

　　床前一片银色的月光，还以为是秋霜。抬头望着天上那洁白的明月，低下头深深地想念起我的故乡。今夜故乡的月光也应和这里的一样明亮。（jié）

第九课

狼朋友

在森林中有一间小木屋，里面住着一位年轻的动物学家。他在这里住了十个月了。

冬天的一个晚上，动物学家在森林里看见一只受伤的小狼，就把它抱回了小木屋。小狼又脏又弱。动物学家喂它牛肉吃，又把它的伤口洗干净，包好。在温暖的小木屋中，小狼的伤慢慢地好了。动物学家把小狼放回了森林。

可从那以后，小狼每天晚上都来小木屋，在门口叫。动物学家打开门时，小狼就趴在动物学家怀里，吻他的身子和脸。

一年以后，小狼长大了。一天晚上，动物学家正在灯下写日记，又听到

王宜珈　画

狼叫。他开门一看,"小狼"来了。"小狼"咬住他的衣服,想拉他出来。动物学家明白了,就跟着"小狼"出去,走到一个山洞,进去一看,天哪,洞里有很多狼。"小狼"连叫三声,狼群慢慢让出一条路。动物学家看到一只母狼,身边躺着一只幼狼,身上流着血,弱得连眼睛都睁不开了。动物学家把它抱起来,"小狼"和母狼跟他一起走出山洞。

回到小木屋,动物学家给幼狼包好伤口,又给它打了针。几天后,幼狼好起来,可以走路了。"小狼"和母狼带着幼狼离开了木屋。

以后,动物学家和狼群成了好朋友。一天,动物学家请朋友吃烤肉。肉香引来了两只大黑熊,大黑熊用爪子拍打屋门。动物学家爬上天窗,叫了几声,很快来了十多只狼,把大黑熊围了起来。大黑熊害怕了,赶快逃走了。

生词

láng 狼	wolf	tǎng 躺	lie, recline
dòng wù xué jiā 动物学家	zoologist	yòu 幼	young
shòu shāng 受伤	be wounded	dǎ zhēn 打针	give or have an injection
zāng 脏	dirty	kǎo ròu 烤肉	barbecue
ruò 弱	weak	yǐn lái 引来	attract
pā 趴	lie prone	zhuǎ zi 爪子	claw
huái 怀	bosom	wéi 围	surround, encircle
wěn 吻	kiss	táo zǒu 逃走	run away

听写

怀　吻　受伤　幼　弱　逃走　*烤肉

引来　躺

比一比

家 { 家庭 / 大家 / 动物学家 }

包 { 书包 / 包子 / 包伤口 }

句型

连……都……

- 小狼很弱，连眼睛都睁不开。
- 大沙漠里，连一根草都看不见。
- 这次的作业全对了，连一个错字都没有。

词语运用

家

画家　音乐家　科学家（kē）　数学家

物理学家　天文学家　气象学家

了

① 这几年北京变了。

② 他身体好多了。

③ 我已经吃过了。

④ 你去过他家了吗？

读一读

zé rèn
责任

金玫（八年级）

我十岁的时候，家里养了一只小白鼠，它很活泼。每天晚上它都会在小轮子(lún)里面跑步，可爱极了！我每天喂它食物和水，跟它玩儿。

刚开始的时候，我小心喂它，怕它会长得太胖，从不乱给它吃东西，一直养得好好儿的。可圣诞(shèng dàn)节那几天，我们天天参加晚会，很晚才回家。直到有一天，妈妈看见小白鼠四脚朝天躺在笼子里。我这才发现很长时间没有喂过它了。它被饿死了！我心里很难受，骂自己，怎么玩儿高兴了，就忘了喂它呢？一条小生命没有了。

之后，我一想到小白鼠，心里就很疼。我也知道了"责任"二字的意义。现在我又养了一只小黑兔，一年多了，我每个晚上都喂它。

第十课

刘姥姥吃鸡蛋

我家的邻居中有一位姓刘的老太太,我们叫她刘姥姥。这天,刘姥姥想煮几个鸡蛋吃。她洗好鸡蛋放到锅里。刘姥姥喜欢吃半生的鸡蛋,所以只煮了五分钟。她把鸡蛋拿出来,坐在桌边,打开报纸,想一边吃鸡蛋一边看报。哟(yō)!报纸上这样写着:"鸡蛋里有一种细菌,如果不把鸡蛋煮熟的话,吃下去对身体不好。"看到这里,刘姥姥赶快站起来把手里的鸡蛋放回锅里再煮。又煮了6分钟、7分钟、8分钟……

鸡蛋还在锅里煮着,刘姥姥打开了收音

刘艺　画

机。这时收音机里讲:"鸡蛋煮得太熟,破坏营养……"刘姥姥慌忙把鸡蛋又拿出来放在凉水里。想起这些鸡蛋的营养没有了,她心疼了。

刘姥姥又打开了电视,只听电视里说:"煮熟的鸡蛋不要放到凉水里,当心水中的细菌。"刘姥姥赶快把热鸡蛋从水里捞出来,刚想吃,这时,电视里又说:"如果在鸡蛋还烫着的时候吃,容易得癌。"刘姥姥只得放下手中的鸡蛋。

刘姥姥再也无心吃鸡蛋了,放下报纸,关上收音机,关了电视。她糊涂了,到底听谁的呢?

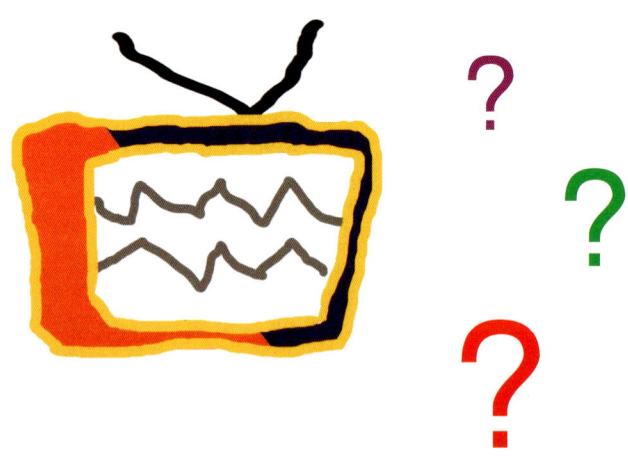

生词

liú			xì jūn	
刘	surname		细菌	bacterium
lǎo lao			shōu yīn jī	
姥姥	an informal appellation for old ladies; grandma		收音机	radio
			pò huài	
			破坏	destroy
wèi			yíng yǎng	
位	measure word		营养	nutrition
xìng			tàng	
姓	surname		烫	steaming hot
guō			róng yì	
锅	pot		容易	easy
fēn zhōng			ái	
分钟	minute		癌	cancer
bào zhǐ			hú tu	
报纸	newspaper		糊涂	muddled

听写

一位　姥姥　锅　分钟　容易　报纸　细菌　营养　糊涂　*癌

比一比

报 { 报纸 / 看报 / 报名

细 { 细心 / 粗细 / 细菌

分 { 分钟 / 分开 / 分数

机 { 收音机 / 电视机 / 洗碗机

反义词

生——熟　　埋——挖　　容易——困难(kùn)

细——粗　　丢——捡　　睁开——闭上

阴——晴　　冷——热　　打开——关上

词语运用

> 姓
>
> ① 我爸爸姓李，妈妈姓刘。
>
> ② 你姓什么？
>
> ③ 老师说："请把姓名写在本子上。"

回答问题

1. 刘姥姥为什么吃不成鸡蛋？
2. 你爱吃鸡蛋吗？怎么吃？

读一读

敕勒歌(chì lè)

北朝乐府民歌

敕勒川，

阴山下。

天似穹庐笼盖四野。(sì qióng lú lǒng gài yǎ)

天苍苍，(cāng)

野茫茫，(máng)

风吹草低见牛羊。(xiàn)

【注释】

敕勒：古代中国北方的一个游牧民族。(dài / mù)
苍：青色。苍苍，形容蓝蓝的天空无边无际的样子。
茫茫：面积大，看不到边。(jī)
见：露出。(lù)

【诗词大意】

多么壮美呀，阴山下北方的草原！头上是青青的天空，一望无际；脚下是又高又密(mì)的牧草，茫茫无边。风儿吹过，草儿弯(wān)下腰(yāo)的时候，露出一群群肥壮的牛羊。

第十一课

时间伯伯

时间伯伯,

你是一个飞行员,

不停地在飞行。

你从白天飞到黑夜,

又从黑夜飞向天明。

时间伯伯,

我不知道你有多少岁?

你好像没有开始也没有结束,

你比岩石还要古老。

你比新生儿还要年轻。

时间伯伯，

滴答滴答的表声，是你的脚步。

一寸光阴一寸金，

寸金难买寸光阴，

爱惜时间如同生命。

生 词

bó bo 伯伯	uncle	jiǎo bù 脚步	footsteps
fēi xíng yuán 飞行员	pilot	guāng yīn 光阴	time
jié shù 结束	end	cùn 寸	inch
yán shí 岩石	rock	ài xī 爱惜	cherish
nián qīng 年轻	young	rú tóng 如同	as
dī dā 滴答	tick	shēng mìng 生命	life

听写

伯伯　飞行员　结束　岩石　年轻　脚步　光阴　寸　生命　*爱惜

有趣的汉字

日　　　　　月

阳　　　　　阴

词语运用

爱惜

① 姐姐很爱惜她的花裙子，只有晚会时才穿。

② 爸爸非常爱惜他的新车，每星期都要洗车。

比一比

伯（伯伯）
拍（拍打）

滴｛水滴
　　滴答

阴｛阴天
　　光阴

反义词

白天——黑夜　　古老——年经　　开始——结束

阅读

明日歌

（明）钱福(fú)

明日复明日，

明日何其多。

日日待(dài)明日，

万事成蹉跎(cuō tuó)。

早看水东流，

晚看日西落。

百年明日能几何？

请听我的《明日歌》！

解释

一天过去了，又会有新的一天，

好像永远有明天。

如果事情都推到明天去做，（tuī）

就什么也做不成了。

早上人们看见河水向东流去，

晚上人们看见太阳西落。

算算人生有多长？

抓紧时间，想想明日歌！

想一想

1. "一寸光阴一寸金"是比喻（yù）什么？

   英文中有没有意思相同的话？

2. 你觉得什么时候时间过得快？

   什么时候时间过得慢？

第十二课

门 铃

野猪和长颈鹿是朋友。野猪不怕路远，来看长颈鹿，到了长颈鹿的家。咚(dōng)咚咚！野猪敲门没人开。野猪问："长颈鹿大哥在家吗？""在家呢。"长颈鹿在里面回答说。"咦(yí)，在家为什么不开门？""野猪兄弟，你往上看，我新装了一个门铃。有谁来找我，要先按门铃。我听见铃响以后，就会来开门。"

孙婧文　画

野猪抬头看见了门铃。"长颈鹿大哥,门铃太高,我够不着,还是敲门吧。"咚咚咚!可是长颈鹿还是不开门。"对不起,野猪兄弟,我知道你够不着。可是你就不能想想办法吗?要是大家都像你这样,只敲敲门,那我的门铃不是白装了吗?"野猪没话说了,只好回家去了。

不久,野猪又来看长颈鹿。这回他满头大汗地背来了一架梯子。他爬上梯子按门铃,可是怎么按,铃也不响。野猪急得哇哇叫。"对不起,野猪兄弟。"长颈鹿在里面说:"门铃坏了。只好请你再敲门了。"

"这怎么行!"野猪叫起来:"只敲几下门?那我这梯子不是白背来了!"

生词

yě zhū 野猪	wild boar	mén líng 门铃	doorbell
cháng jǐng lù 长颈鹿	giraffe	gòu bu zháo 够不着	can't reach
qiāo mén 敲门	knock the door	bàn fǎ 办法	way
xiōng di 兄弟	buddy	jià 架	*measure word*
zhuāng 装	install	tī zi 梯子	ladder
àn 按	press		

听写

野猪　敲门　装　按　门铃　架　兄弟

*长颈鹿　梯子

比一比

装 { 安装 / 服装 }　　　为 { 因为 / 以为 }　　　以 { 可以 / 以后 }

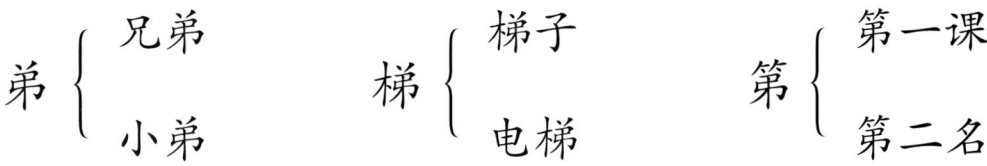

> 词语运用

架

① 架—量词：一架梯子、一架飞机

② 架—名词：衣架、木头架子

③ 架—动词：把梯子架上

怎么

① 这怎么行!

② 我怎么没有汗呢?

③ 这张画怎么样?

读一读

小鱼玩水（儿歌）

小鱼玩了一天水，

水草边上睡。

天上星星落下来，

盖上花被被。

风儿唱着好听的歌，

水儿轻轻推。

小鱼做了个甜甜的梦，

摇摇尾巴咂咂嘴。

弟弟玩水（儿歌改写）

王乐乐

弟弟玩了一天水，

海边沙滩(tān)睡。

树上叶子掉下来，

盖上绿被被。

小鸟唱着好听的歌，

风儿轻轻吹。

弟弟做了个高兴的梦，

摇摇大头踢(tī)踢腿。

第十三课

东郭先生和狼

从前,有一位东郭先生,是个读书人。一天,他骑着毛驴,带着一口袋书,到中山国去。路上,他看见一只受伤的狼跑来。狼说:"先生,猎人用箭射中了我,现在又在追我,求求您把我藏在您的口袋里,将来我会好好儿谢谢您的。"东郭先生知道狼是害人的,可是看到受伤的狼很可怜,就把它装进口袋里了。

不一会儿，猎人追上来了，问东郭先生："你见到一只狼吗？"东郭先生说："我没看见狼。"猎人相信了东郭先生的话，就走了。狼在口袋里听见猎人走远了，就说："求求先生，把我放出去吧。"好心的东郭先生把狼放了出来。谁知道狼一出来，就对东郭先生大叫："现在我饿了，你就再做一次好事，让我吃了你吧。""什么？我救了你，你倒要吃我！哪有这样的道理？"东郭先生说。

这时一个农民路过，东郭先生拉住农民请他评理。他说自己救了狼，狼倒要吃他。可是狼却说东郭先生没有救它。农民说："你们的话我都不信。这口袋这么小，怎么能装下一只大狼呢？请再装一下，让我亲眼看一看。"狼同意了，又进了口袋里。农民马上把口袋扎上了，对东郭先生说："狼是改不了害人的，你太糊涂了。"说完，拿起石头，把狼打死了。

生词

guō 郭	surname	jiù 救	save
qiú 求	beg	píng lǐ 评理	give a verdict on a dispute
cáng 藏	hide	tóng yì 同意	agree
jiāng lái 将来	in future	zā shang 扎上	tie up
kě lián 可怜	poor, pitiful	gǎi 改	change
è 饿	hungry		

听写

扎上　求　救　可怜　饿　将来　同意　改

*评理　藏

比一比

受 / 又

爱 / 友

受 { 受伤 / 受苦 }

爱 { 可爱 / 爱情 }

装 { 服装 / 装进 }

{ 饿（饿了） / 我（我们） }

{ 读（读书人） / 卖（卖东西） }

{ 求（求您） / 救（救人） }

反义词

同意——反对　　　糊涂——聪明

句型

一……就……

- 东郭先生一看见农民就拉住他，请他评理。
- 我答应妈妈，今天一下课就回家。
- 姐姐一跳进水里就像鱼一样游走了。

词语运用

受　爱

① 受伤的小兔睡在窝里。

② 弟弟爱玩汽车和飞机。

装进　服装

① 东郭先生把狼装进口袋。

② 动物服装店的老板是猴子。

快板

东郭先生和狼

打起快板说一说，
有位先生叫东郭。
拉着毛驴驮着书，
这天要去中山国。

突然跑来一只狼，
后面猎人追得紧，
狼求东郭救救他，
以后一定报恩情。

东郭把狼装口袋，
猎人追来问东郭：
"可有看见一只狼？"
东郭摇头不肯说。

猎人走后放出狼，
老狼两眼放凶光。
"好人好事做到底，
现在我饿要吃你。"

正好农夫走过来，
东郭气得要评理。
"小小口袋能装狼？"
农夫摇头不相信。

狼又表演进口袋，
农夫忙把口袋扎。
打死恶狼救东郭，
东郭先生得教训。

第十四课

珊 瑚

大海退潮了,海面上露出了美丽的珊瑚,有红的,有白的,还有花的。这些珊瑚除了色彩美丽以外,形状也很奇怪。有的像鹿角,有的像扇面,有的像树枝,有的像花朵。人们以为它们是海底的植物。其实它们不是植物,是珊瑚虫分泌出来的石灰质。

珊瑚虫是海里的一种小动物,只有几毫(háo)米长。它们生活在海底的岩石上,长着花瓣(bàn)一样的触手。触手中间有一张很小的嘴,吃小生物。它们不断地分泌石灰质,这些石灰质连在一起,经过几万年,就形成了各种各样美丽

胡斯年　画

的珊瑚。珊瑚虫一代又一代地生长，死亡。有的珊瑚露出海面，就成了珊瑚岛。中国的西沙群岛，就是由许多珊瑚岛组成的。

生词

shān hú 珊瑚	coral	shí huī zhì 石灰质	calcite
tuì cháo 退潮	ebb tide	chù shǒu 触手	tentacle
lù chū 露出	show	bú duàn 不断	unceasingly
měi lì 美丽	beautiful	gè zhǒng gè yàng 各种各样	all kinds of
chú le 除了	except	yí dài 一代	a generation
xíng zhuàng 形状	shape	sǐ wáng 死亡	die
qí shí 其实	actually	dǎo 岛	island
fēn mì 分泌	excrete	yóu……zǔ chéng 由……组成	be made up of

听写

露出　形状　其实　一代　死亡　由　美丽　除了

＊退潮　珊瑚　不断

反义词

进——退　　　　干净——脏

升起——落下　　死亡——出生

同义词

急忙——赶快　　躲——藏

美丽——漂亮　　头——脑袋

许多——很多　　很——非常

句型

除了……以外……

- 我们家除了小妹妹以外都会说中文。
- 我们家除了小弟弟以外都戴眼镜。

词语运用

退潮　潮湿

① 海水退潮了，海滩（tān）上留下了许多贝壳。

② 天气很潮湿，小虫的翅膀上沾（zhān）了水，飞不高。

代　带

① 珊瑚虫一代又一代地在岩石上生长，死亡。

② 天好的时候，爸爸带我去爬山。

 绕口令

黑和灰

黑是黑，灰是灰，

黑不是灰，灰不是黑。

乌鸦一身黑，

灰狼一身灰。

乌鸦不灰，

灰狼不黑。

第十五课

节约是美德

胡斯年

小时候,我总是用惊奇的目光看我的姥爷。他能把破烂变成"宝贝"。路边捡来的破灯笼,他一修理,就变得完好美丽;旧橡皮泥被他捏了捏,就成了可爱的小动物。姥爷用他的想象力,把一个个破烂修好了。我心里想,姥爷那样的节约真是美德。

我到美国以后,爱跟妈妈逛Garage Sale。我喜欢在别人不要的东西里找出一个个"财宝"。过了几年,爸爸就笑我:"大家都不去Garage Sale了,你为什么还要去逛?"我呢,想像我姥爷一样,把垃圾变成"宝贝"。

有一天,我在离家不远的地方找到两把漂亮的椅子。一个椅背像孔雀尾巴,另一个椅背是椭(tuǒ)圆形的。因为这两把椅子有点儿旧了,所以很便宜。我高兴地把两把椅子买回家。回家后,我把椅子修好。小的那把我刷成了黄色,大的那把,我用红布缝了一个枕头放在上面,像姥爷一样把别人的垃圾变成我的"财宝"。

现在我可以坐在漂亮的椅子上读书,好好儿地享受节约的成果了。

潘佳懿　画

生词

jié yuē 节约	save	guàng 逛	go shopping
měi dé 美德	virtue	cái bǎo 财宝	treasure
jīng qí 惊奇	surprise	pián yi 便宜	cheap
lǎo ye 姥爷	grandpa	féng 缝	seam
bǎo bèi 宝贝	baby; darling; treasure	zhěn tou 枕头	pillow
xiū lǐ 修理	repair	xiǎng shòu 享受	enjoy
xiàng pí ní 橡皮泥	silly putty	chéng guǒ 成果	results, achievements
niē 捏	pinch		

听写

节约 美德 惊奇 修理 逛 便宜 枕头 财宝
享受 成果 *捏

多音字

便 pián
pián yi
这件衣服很便宜。

便 biàn
fāngbiàn
我家住市中心，买东西很方便。

比一比

更
更好

便
便宜

便（便宜）
更（更好）

节 { 节日
节约 }

反义词

便宜——贵　　节约——浪费　　垃圾——宝贝

哪些行为是美德

① 爱护环(huánjìng)境　　② 上课不举(jǔ)手就说话

③ 说话和气　　④ 看见老师、同学打招呼(zhāo hu)

⑤ 坐公共汽车给老人让座　　⑥ 乱扔垃圾

谈一谈

你是怎样在生活中注(zhù)意节约的？

读一读

关 灯

刘安妮

外婆喜欢关灯，可我喜欢开灯。外婆是人一离开屋子就关灯；我呢，常常人不在屋里，灯还一直亮着。

有一次我躺在被窝里看书，突然灯灭了。停电了吗？

我吓了一跳。才不是呢,原来是外婆把灯关了。她没看见我,以为屋里没人。

看见外婆老爱关灯,我问她:"你为什么老要把灯关了呢?"外婆说:"哪样东西是用也用不完的?电是要省(shěng)着用的!离开屋子就关灯,这样又省电又省钱。"

有一天,真的停电了!冰箱、电炉(lú)、热水壶(hú)都不工作了,别说吃不成饭,连口热水也喝不上。我过了四个小时没电的生活,真难受。这会儿我知道电的重要了。

从那以后,我也爱"关灯"了。现在我不但学会省电,也知道节约用钱了。

第十六课

秦始皇陵兵马俑

参观兵马俑

苏芯钰

去年夏天，我和爸爸妈妈去了中国西安。西安是一个古城，有几千年的历史，那里有著名的兵马俑博物馆。很多人都说："去西安没看兵马俑，就算不上到过西安。"所以我们第二天就去了那里。那天排队的人很多，好像长城那么长。

走进博物馆，我们就看到一号坑(kēng)里有成百上千的秦朝兵俑和马车，排成整齐的队伍，真好看！兵俑真人大小，有将军俑、士兵俑和骑兵俑，他们身穿铠(kǎi)甲。兵俑原来是彩色的，主要是红色、绿色和天蓝色，现在都是灰色的了。兵俑的脸方方的，眼睛不大，好像在西安的大街上到处都可以看到。

这些兵俑都是两千多年前用土烧成的，做得像真人似的，连头发丝、眉毛都做得很像。我发现，没有两个兵俑的脸和发髻(jì)是一样的，真是千人千面。我最喜欢跪着射箭的兵俑，身上的铠甲一片一片，眼睛看着远方。看着，看着，好像他们马上就要活起来了，准备去打仗。我很想问问导游："古人在做兵俑的时候，是要真人站在那里做模(mó)特吗？要多长时间才能做完一个兵俑？"

参观后，我觉得古代的中国人太聪明了，做出了这么好的兵马俑。我想，要是兵马俑活起来，队伍都走动起来，那会是多么有趣的事情。

第十六课

秦始皇陵铜车马

看图回答

1. 秦兵的发髻(shū)是怎样梳起来的?

2. 这种发髻有什么好处?

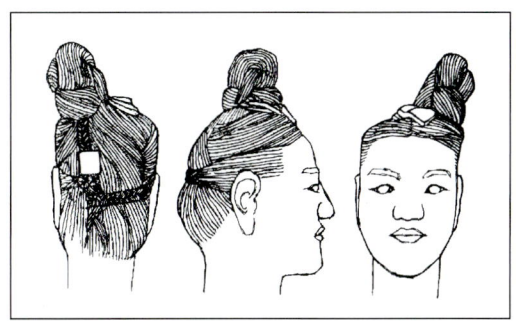

生词

cān guān 参观	visit	duì wu 队伍	team
bīng mǎ yǒng 兵马俑	the Terra Cotta Warriors	jiāng jūn 将军	general
gǔ chéng 古城	ancient city	shì bīng 士兵	soldier
lì shǐ 历史	history	qí bīng 骑兵	cavalry
zhù míng 著名	famous	méi mao 眉毛	eyebrow
bó wù guǎn 博物馆	museum	guì 跪	kneel, go down on one's knees
qín cháo 秦朝	Qin Dynasty	dǎo yóu 导游	tour guide
zhěng qí 整齐	neat		

听写

参观　历史　著名　整齐　队伍　将军　士兵　跪　导游　*博物馆

比一比

导 { 导游 / 向导 }　　整 { 整齐 / 整天 }　　队 { 队伍 / 排队 }

词语运用

著名

① 旧金山有许多著名的博物馆。

② 我参观了著名的秦兵马俑。

③ 《西游记》是一本著名的中国小说。

娄格　画

刘雨初　画

叙事文的写法 (xù)

如何写叙事文呢？

1. 写真实的事（写清：时间、地点和发生的事情）；
2. 层次分明（一般按时间顺序写）；(céng)
3. 文章有细节。

《参观兵马俑》

- 叙事文《参观兵马俑》

  时间：去年夏天　　地点：西安　　事情：参观兵马俑

- 层次　文章按时间顺序分四段：

  （到西安、博物馆——看兵马俑队伍——细看兵马俑——感想）

  第一段　介绍西安和兵马俑

  第二段　看到兵马俑队伍

  第三段　细看兵马俑

  第四段　观后感想

- 细节描写：(miáo)

例：兵俑的脸方方的，眼睛不大，好像在西安的大街上到处都可以看到。

例：连头发丝、眉毛都做得很像。我发现，没有两个兵俑的脸和发髻是一样的。

写作练习

　　试着写一写身边发生的小事如：养小动物，旅游(lǚ)，校园生活，在运动队里，过年过节。

第十七课

丁龙

丁龙先生的梦

一百年前的美国，有位叫丁龙的中国劳工，在市长家做工，但几年后市长把他辞退了。

后来，市长家不小心着了火，市长受伤了。丁龙听说后马上回来照看他。市长十分感动，问丁龙："我辞退了你，你为何又回来了？"丁龙说："父亲说过，亲友邻居有难，要帮助。"市长又问："你父亲读过孔子的书，所以才这样教你？"丁龙回答："父亲是个农民，不识字。"

市长又问："你爷爷一定读过书？"丁龙说："爷爷也是农民，不识字。"市长听后，惊叹不止。

丁龙又回到市长家，为市长认真地工作了一生，直到退休。离开时，市长感谢他，提出要为他做一件事才让他走。于是丁龙说出了藏在心中多年的梦：他几十年工作存下1.2万美元，希望市长能帮助他，把这笔钱捐给美国一所有名的大学，建立一个研究中国文化的系。他希望美国人能学习中国文化，了解中国，了解中华文明。

市长接到丁龙一生的血汗钱，感动得久久不能平静。为了让丁龙梦想成真，他自己也捐出27.5万美元，在哥伦(lún)比亚大学建立了东亚系。它是美国最早的东亚系。

作为一个穷苦的劳工，丁龙自己没机会读书，一生也没有成家。可他有那么高贵的梦想。为了纪念他，人们找到一张他的照片，把这张照片挂在了哥伦比亚大学东亚系。

生词

láo gōng 劳工	labor	juān 捐	donate
shì zhǎng 市长	mayor	jiàn lì 建立	establish
cí tuì 辞退	lay off	yán jiū 研究	research
gǎn dòng 感动	move, touch	wén huà 文化	culture
bāng zhù 帮助	help	liǎo jiě 了解	learn, know
shí zì 识字	literacy	píng jìng 平静	calm, quiet
jīng tàn bù zhǐ 惊叹不止	marvel	dōng yà xì 东亚系	Department of East Asian Studies
tuì xiū 退休	retire	gāo guì 高贵	noble
cún 存	save	jì niàn 纪念	mark, commemorate

听写

劳工　市长　感动　帮助　识字　退休　建立

研究　纪念　文化　了解　*捐　东亚系

比一比

腿 — 腿脚
退 — 退休

市 { 城市 / 市长 }　　究 { 研究 / 究竟 }　　退 { 辞退 / 退休 }

反义词

穷苦——富有

词语运用

研究

① 妈妈喜欢研究怎么做菜。

② 哥哥正在研究一种太阳能车。

惊叹不止

① 每个人看到万里长城时，都会惊叹不止。

② 学生们的精彩演出，让观众惊叹不止。
（jīng）

回答问题

1. 丁龙的故事发生在美国还是中国？

2. 丁龙生活的时代离现在大约有多少年？

3. 查找一下更多关于丁龙的故事，讲给大家听。

（提示：纽约有一条街道，叫"丁龙街"）

读一读

关于丁龙

不是传说，不是童话，是一段(tóng)(duàn)感人的史实。哥伦比亚大学东亚系，是全美最早的汉学系，也是中国文化海外传播(bō)研究的一块高地。胡适(shì)、冯(féng)友兰、徐志摩(xú zhì mó)等都在这里留下足迹(jì)。

- 1901年6月28日,丁龙将一生的积蓄1.2万美元捐给哥伦比亚大学,作为中国学研究基金。
- 主人卡本蒂埃,为丁龙的愿望也捐赠27.5万美元
- 清朝政府为丁龙的义举捐赠图书5000册。
- 世界上最棒的汉学系因此诞生。

丁龙给哥伦比亚大学的捐款信

纽约
1901年6月28日

哥伦比亚大学校长先生:

送上支票12,000美元,作为我给贵校中文研习基金会的捐款。

您恭顺的

丁龙

"一个中国人"

第十八课

潘佳音　画

牛郎织女

从前有一个年轻的农民叫牛郎，他父母很早就死了，只有一头老牛跟着他。

天上有七位仙女，是王母娘娘的织女，天上那美丽的云彩都是她们织的。一天，仙女们觉得累了，就一起下到人间去玩儿。她们一边走一边看，真没想到，人间这么美：绿色的农田，安静的村庄，男人在田里干活，女人在家织布，孩子们在欢笑。

这时，在河边喝水的老牛看见了七位仙女，个个美丽动人。老牛又看见一位穿红衣服的仙女，把一只受伤的小兔子包好送回树林。老牛回家对牛郎说："穿红衣服的仙女是个好心的姑娘，你可以求她做你的妻子。"

这天，牛郎躲在河边。一会儿，仙女们又来了。牛郎走上去，对红衣仙女说："姑娘，你能不能留在人间和我在一起？"织女见牛郎很善良，就答应了。于是织女和牛郎结婚成了家，生了一儿一女。牛郎下地干活，织女在家织布，生活很幸福。

几年过去了。王母娘娘听说织女偷偷下到人间，非常生气，就让天神去抓织女。牛郎见织女被天神抓走，挑着两个孩子去追织女。跑着跑着，牛郎脚下生风飞上天空。眼看牛郎就要追上织女时，王母娘娘把头上的一个玉簪(zān)扔了出去。玉簪变成一条滚滚的大河，把牛郎织女分开了。

相传，每年到了农历七月七日，会有成千上万的喜鹊飞上天，在河上架起一座长长的桥，让牛郎织女一家相见。这条天河，中国人叫它银河，喜鹊架起的桥叫鹊桥。

生词

niú láng 牛郎	cowherd	bù 布	cloth
lèi 累	tired	xìng fú 幸福	happy
rén jiān 人间	human world	xiāng chuán 相传	according to legend
qī zi 妻子	wife	nóng lì 农历	the lunar calendar
shàn liáng 善良	good	xǐ què 喜鹊	magpies
dā ying 答应	promise, agree	jià qiáo 架桥	build a bridge
jié hūn 结婚	get married	yín hé 银河	the Milky Way

听写

牛郎　妻子　布　累　善良　结婚　答应　幸福

相传　银河　*农历　架桥

比一比

架 { 一架 / 架桥 }　　间 { 人间 / 房间 }　　{ 郎（牛郎）/ 狼（灰狼）}

反义词

天上——人间

回答问题

1. 织女们觉得人间真美，她们看到了什么？

2. 牛郎织女结婚成家，有一儿一女，很幸福。

   如果织女还在天上，想一想，她的生活会是什么样？

3. 每年什么时候，喜鹊会架桥，让牛郎织女见面？

读一读

牛郎星和织女星

夏夜星空，在银河两边，各有一颗亮亮的星星，一颗是织女星，一颗是牛郎星。织女星的下方有四颗不太亮的小星星，组成四边形，它们就像织女用的梭子(suō)。牛郎星的两边各有一颗小星，像是牛郎挑着一对儿女。

天文学家说，"牛郎"和"织女"相会是很难的，他们相距(jù)16光年。如果牛郎打电话给织女，织女也要等到16年后才能听到。

七夕节 (xī)

中国传说中，牛郎和织女是一对相爱的夫妻，他们被王母娘娘分隔(gé)在银河两边。只有每年农历的七月七日，喜鹊们飞上天空架成桥，他们才能相见。于是农历七月七日就成了中国的传统(tǒng)节日——七夕节。也因为牛郎织女的浪漫(màn)爱情故事，人们把七夕节称为"中国的情人节"。

歌 曲

夫妻双双把家还(huán)

改编自《天仙配》(biān)(pèi)

树上的鸟儿成双对，

绿树青山带笑颜。

从此相亲又相爱，

夫妻双双把家还。

第十九课

野骆驼

人们都知道大熊猫，但很少有人听说过野骆驼。其实野骆驼比大熊猫还少，是非常稀有的动物。

在中国新疆(jiāng)有野骆驼生活*，那里有一望无边的沙漠，最高气温为**55℃，最低气温为—49℃。那里没有淡水，有的只是又苦又咸的盐泉；大部分地方寸草不生，只在盐泉边上长着稀稀拉拉的盐生草。野骆驼吃的是几乎没有叶子的植物，喝的是盐水，只有日月是它们的朋友。

野骆驼并不是喜欢喝盐水，而是

野骆驼

注：*新疆阿尔金山以北，罗布泊以南是野骆驼生活的地方。
　　**55℃，读摄氏55度，—49℃读零下49度。

害怕人类才逃进了沙漠。野骆驼的身体也发生了很大的变化。野骆驼可以不喝一口水，在沙漠里行走两个星期。有水的时候，它们又可以在几分钟之内喝下200千克的水。

春天，天气暖了，可是沙漠风暴说来就来。沙暴起时，白天就变成了黑夜，沙子石头乱飞。这时野骆驼只能躺在地上流眼泪。其实骆驼都会流眼泪，它是用泪水来冲洗眼里的沙子。

野骆驼目前只有800只左右了。我们对它的关心又有多少呢？还没有一部关于野骆驼的电影。1993年，中国出了第一套野骆驼的邮票。希望我们的子孙后代，不要只能从邮票上看到野骆驼。

生词

luò tuo 骆驼	camel	shā bào 沙暴	sandstorm
xī yǒu 稀有	rare	yǎn lèi 眼泪	tears
qì wēn 气温	temperature	chōng xǐ 冲洗	rinse, wash
dàn shuǐ 淡水	fresh water	guān xīn 关心	care for
xián 咸	salty	bù 部	*measare word*
yán quán 盐泉	salt spring	diàn yǐng 电影	movie
jī hū 几乎	almost	tào 套	*measure word*
táo jìn 逃进	flee into	yóu piào 邮票	stamp
qiān kè 千克	kilogram, kg		

听写

骆驼　淡水　盐泉　几乎　逃进　千克　眼泪

邮票　*沙暴

中文课本　第五册

词语解释

寸草不生——一根草都不长。

稀稀拉拉——形容不多。

量词

一套邮票　　一部电影

一套书　　　一部汽车

一套沙发　　一部小说

词语运用

气温

① 明天，北京的气温是26℃。

② 全球的气温不断上升。

部

① 到现在还没有一部野骆驼的电影。

② 《西游记》是我最喜欢的一部小说。

③ 他家两口人就有三部车。

套

① 1993年，中国出了一套野骆驼的邮票。

② 这套沙发要800美元。

③ 这套书有6本。

读一读

小知识

- 野骆驼现在主要生活在中国新疆和蒙古国。
- 野骆驼一般能活35-40岁。

第二十课

梁山伯与祝英台

相传一千多年前,浙江(zhè)祝家有个女儿叫祝英台。她聪明活泼,一心想上学,于是女扮男装到外地读书。路上,她遇到了年轻的书生梁山伯,两人一见面就成了好朋友。他们一路同行,后来又在一起读书三年,亲如兄弟。祝英台深爱梁山伯,只是无法向他说明。梁山伯像好兄弟一样对祝英台,却不知道她是个女子。

后来,祝英台停学回家了,梁山伯赶去看她。到了祝家,梁山伯不能相信自己的眼睛,站在面前的美丽姑娘,正是他三年的同学祝英台。梁山伯一边笑自己糊

潘佳懿　画

涂，一边回想他们一起学习的美好时光，觉得两人真的是心心相印。不久，梁山伯就去祝家求婚，但被祝英台父母拒绝了，因为他们准备把祝英台嫁给马文才。祝英台哭着告诉父母，她不会嫁给马文才，但父母还是不听。

梁山伯求婚不成，悲痛去世。祝英台出嫁时，经过梁山伯的坟墓。这时，突然起了风，天下大雨，祝英台在坟前痛哭，坟突然裂开了，英台扑入坟中。

不久，雨停了，天空中出现了一道彩虹，坟中飞出两只美丽的蝴蝶。他们有时一前一后，有时一左一右，在竹林，在花间，那么欢快地飞着。他们是梁山伯和祝英台化成的彩蝶，他们自由地相爱，不会再分离了。

梁山伯与祝英台的凄(qī)美故事在中国流传了千年。人们把故事编成了戏剧、音乐和舞蹈。著名小提琴曲《梁祝》就是中国人喜爱的乐曲。

生词

zhù 祝	surname	qù shì 去世	die, pass away
liáng 梁	surname	fén mù 坟墓	grave
bàn 扮	dress up as	liè kāi 裂开	split
yù 遇	meet	liú chuán 流传	spread, circulate
xīn xīn xiāng yìn 心心相印	mutual affinity	biān 编	edit, compile
qiú hūn 求婚	propose	xì jù 戏剧	drama
jù jué 拒绝	refuse	xiǎo tí qín 小提琴	violin
chū jià 出嫁	(of a woman) get married	yuè qǔ 乐曲	music
bēi tòng 悲痛	grief		

听写

扮　遇　求婚　拒绝　悲痛　去世　出嫁　坟墓

流传　戏剧　*乐曲　编

比一比

反义词

悲痛——快乐　　　　　　拒绝——同意

词语运用

拒绝

① 弟弟想在家里养狗，但妈妈拒绝了。

戏剧

① 中国有多种戏剧：京剧、越剧、川剧等。

② 奶奶最喜欢的戏剧是越剧《梁山伯与祝英台》。

> 问题

1. 祝英台的父母爱女儿吗？为什么他们伤害了梁山伯，也伤害了祝英台？

2. 你听过小提琴曲《梁祝》吗？

> 歌曲

梁祝

碧草青青花 盛(shèng)开，
彩蝶双双久徘(pái huái)徊。
千古流传深深爱，
山伯永恋(liàn)祝英台。

《梁祝》主旋律

越剧《梁山伯与祝英台》

动画《梁山伯与祝英台》

芭蕾舞《梁山伯与祝英台》

生字表（简）

1. 古(gǔ) 诗(shī) 川(chuān) 何(hé) 复(fù) 归(guī) 壮(zhuàng) 努(nǔ) 徒(tú) 悲(bēi) 晓(xiǎo) 唐(táng) 孟(mèng) 眠(mián) 闻(wén) 啼(tí)

2. 造(zào) 选(xuǎn) 板(bǎn) 蛀(zhù) 钉(dìng) 航(háng) 行(xíng) 许(xǔ) 次(cì) 货(huò) 晃(huàng) 被(bèi) 灌(guàn) 赶(gǎn)

3. 准(zhǔn) 麦(mài) 苗(miáo) 却(què) 所(suǒ) 熟(shú) 磨(mò) 粉(fěn) 算(suàn) 碗(wǎn) 备(bèi) 端(duān) 绊(bàn) 吧(ba)

4. 惯(guàn) 整(zhěng) 扫(sǎo) 简(jiǎn) 思(sī) 技(jì) 术(shù) 剃(tì) 刮(guā) 重(zhòng) 血(xiě) 轻(qīng) 练(liàn) 忘(wàng) 插(chā) 脑(nǎo)

5. 晴(qíng) 组(zǔ) 晨(chén) 烂(làn) 晾(liàng) 识(shí) 量(liàng) 斤(jīn) 软(ruǎn) 阴(yīn) 净(jìng) 扒(bā) 睁(zhēng) 鲜(xiān)

6. 蚯(qiū) 蚓(yǐn) 篇(piān) 吵(chǎo) 架(jià) 酷(kù) 舞(wǔ) 台(tái) 表(biǎo) 演(yǎn) 蹈(dǎo) 章(zhāng) 句(jù) 哇(wā)

7. 总(zǒng) 盼(pàn) 死(sǐ) 程(chéng) 象(xiàng) 紧(jǐn) 提(tí) 追(zhuī) 傍(bàng) 虽(suī) 澡(zǎo)

8. 迷(mí) 慌(huāng) 针(zhēn) 确(què) 导(dǎo) 影(yǐng) 永(yǒng) 闯(chuǎng) 特(tè) 细(xì) 察(chá)

9. 狼(láng) 脏(zāng) 弱(ruò) 趴(pā) 怀(huái) 吻(wěn) 躺(tǎng) 幼(yòu) 烤(kǎo) 引(yǐn) 爪(zhuǎ) 逃(táo)

10. 刘(liú) 姥(lǎo) 位(wèi) 姓(xìng) 锅(guō) 钟(zhōng) 报(bào) 菌(jūn) 破(pò) 营(yíng) 烫(tàng) 易(yì) 癌(ái) 糊(hú) 涂(tú)

11. 伯(bó) 员(yuán) 束(shù) 岩(yán) 滴(dī) 步(bù) 寸(cùn) 惜(xī) 命(mìng)

12. 颈(jǐng) 鹿(lù) 敲(qiāo) 兄(xiōng) 按(àn) 够(gòu) 办(bàn) 法(fǎ) 梯(tī)

13. 郭(guō) 求(qiú) 藏(cáng) 将(jiāng) 怜(lián) 饿(è) 救(jiù) 评(píng) 扎(zā) 改(gǎi)

14. 珊(shān) 瑚(hú) 退(tuì) 露(lù) 丽(lì) 除(chú) 状(zhuàng) 其(qí) 实(shí) 泌(mì) 灰(huī) 质(zhì) 触(chù) 断(duàn) 各(gè) 代(dài) 亡(wáng) 岛(dǎo) 由(yóu)

15. 约(yuē) 德(dé) 惊(jīng) 贝(bèi) 修(xiū) 橡(xiàng) 泥(ní) 捏(niē) 逛(guàng) 财(cái) 便(pián) 宜(yí) 缝(féng) 枕(zhěn) 享(xiǎng)

16. 参(cān) 俑(yǒng) 历(lì) 史(shǐ) 著(zhù) 博(bó) 馆(guǎn) 秦(qín) 朝(cháo) 齐(qí) 伍(wǔ) 军(jūn) 眉(méi) 跪(guì) 导(dǎo)

17. 劳(láo) 市(shì) 辞(cí) 助(zhù) 止(zhǐ) 存(cún) 捐(juān) 建(jiàn) 研(yán) 究(jiū) 平(píng) 亚(yà) 系(xì) 贵(guì) 纪(jì) 念(niàn)

18. 郎(láng) 累(lèi) 妻(qī) 善(shàn) 婚(hūn) 布(bù) 福(fú) 传(chuán) 历(lì) 鹊(què) 桥(qiáo)

112

19. 骆(luò) 驼(tuó) 稀(xī) 淡(dàn) 咸(xián) 盐(yán) 泉(quán) 乎(hū) 逃(táo) 暴(bào) 泪(lèi) 冲(chōng) 部(bù)
套(tào) 邮(yóu) 票(piào)

20. 祝(zhù) 梁(liáng) 扮(bàn) 遇(yù) 印(yìn) 拒(jù) 绝(jué) 嫁(jià) 痛(tòng) 世(shì) 坟(fén) 墓(mù) 裂(liè)
编(biān) 剧(jù) 曲(qǔ)

共计273个生字，累计1031个生字

生字表（繁）

1. 古(gǔ) 詩(shī) 川(chuān) 何(hé) 復(fù) 歸(guī) 壯(zhuàng) 努(nǔ) 徒(tú) 悲(bēi) 曉(xiǎo) 唐(táng)
   孟(mèng) 眠(mián) 聞(wén) 啼(tí)

2. 造(zào) 選(xuǎn) 板(bǎn) 蛀(zhù) 釘(dìng) 航(háng) 行(xíng) 許(xǔ) 次(cì) 貨(huò) 晃(huàng) 被(bèi) 灌(guàn)
   趕(gǎn)

3. 準(zhǔn) 麥(mài) 苗(miáo) 卻(què) 所(suǒ) 熟(shú) 磨(mò) 粉(fěn) 算(suàn) 碗(wǎn) 備(bèi) 端(duān) 絆(bàn)
   吧(ba)

4. 慣(guàn) 整(zhěng) 掃(sǎo) 簡(jiǎn) 思(sī) 技(jì) 術(shù) 剃(tì) 刮(guā) 重(zhòng) 血(xiě) 輕(qīng) 練(liàn)
   忘(wàng) 插(chā) 腦(nǎo)

5. 晴(qíng) 組(zǔ) 晨(chén) 爛(làn) 晾(liàng) 識(shí) 量(liàng) 斤(jīn) 軟(ruǎn) 陰(yīn) 淨(jìng) 扒(bā) 睜(zhēng)
   鮮(xiān)

6. 蚯(qiū) 蚓(yǐn) 篇(piān) 吵(chǎo) 架(jià) 酷(kù) 舞(wǔ) 臺(tái) 表(biǎo) 演(yǎn) 蹈(dǎo) 章(zhāng) 句(jù)
   哇(wā)

7. 總(zǒng) 盼(pàn) 死(sǐ) 程(chéng) 象(xiàng) 緊(jǐn) 提(tí) 追(zhuī) 傍(bàng) 雖(suī) 澡(zǎo)

8. 迷(mí) 慌(huāng) 針(zhēn) 確(què) 導(dǎo) 影(yǐng) 永(yǒng) 闖(chuǎng) 特(tè) 細(xì) 察(chá)

9. 狼(láng) 臟(zāng) 弱(ruò) 趴(pā) 懷(huái) 吻(wěn) 躺(tǎng) 幼(yòu) 烤(kǎo) 引(yǐn) 爪(zhuǎ) 逃(táo)

10. 劉(liú) 姥(lǎo) 位(wèi) 姓(xìng) 鍋(guō) 鐘(zhōng) 報(bào) 菌(jūn) 破(pò) 營(yíng) 燙(tàng) 易(yì)

癌(ái) 糊(hú) 塗(tú)

11. 伯(bó) 員(yuán) 束(shù) 岩(yán) 滴(dī) 步(bù) 寸(cùn) 惜(xī) 命(mìng)

12. 頸(jǐng) 鹿(lù) 敲(qiāo) 兄(xiōng) 按(àn) 夠(gòu) 辦(bàn) 法(fǎ) 梯(tī)

13. 郭(guō) 求(qiú) 藏(cáng) 將(jiāng) 憐(lián) 餓(è) 救(jiù) 評(píng) 紮(zā) 改(gǎi)

14. 珊(shān) 瑚(hú) 退(tuì) 露(lù) 麗(lì) 除(chú) 狀(zhuàng) 其(qí) 實(shí) 泌(mì) 灰(huī) 質(zhì) 觸(chù)

各(gè) 代(dài) 亡(wáng) 島(dǎo) 由(yóu)

15. 約(yuē) 德(dé) 驚(jīng) 貝(bèi) 修(xiū) 橡(xiàng) 泥(ní) 捏(niē) 逛(guàng) 財(cái) 便(pián) 宜(yí)

縫(féng) 枕(zhěn) 享(xiǎng)

16. 參(cān) 俑(yǒng) 歷(lì) 史(shǐ) 著(zhù) 博(bó) 館(guǎn) 秦(qín) 朝(cháo) 齊(qí) 伍(wǔ) 軍(jūn) 眉(méi)

跪(guì) 導(dǎo)

17. 辭(cí) 助(zhù) 止(zhǐ) 存(cún) 捐(juān) 建(jiàn) 研(yán) 究(jiū) 平(píng) 亞(yà) 系(xì) 貴(guì)

紀(jì) 念(niàn)

18. 郎(láng) 累(lèi) 妻(qī) 善(shàn) 婚(hūn) 布(bù) 福(fú) 傳(chuán) 歷(lì) 鵲(què) 橋(qiáo)

19. 駱(luò) 駝(tuó) 稀(xī) 淡(dàn) 鹹(xián) 泉(quán) 乎(hū) 逃(táo) 暴(bào) 淚(lèi) 沖(chōng) 部(bù) 套(tào)
    郵(yóu) 票(piào)

20. 祝(zhù) 梁(liáng) 扮(bàn) 遇(yù) 印(yìn) 拒(jù) 絕(jué) 嫁(jià) 痛(tòng) 世(shì) 墳(fén) 墓(mù) 裂(liè)
    編(biān) 劇(jù) 曲(qǔ)

共計273個生字，纍計1031個生字

生词表（简）

1. 古诗（gǔ shī） 川（chuān） 何时（hé shí） 复（fù） 归（guī） 少壮（shào zhuàng） 努力（nǔ lì） 徒（tú） 伤悲（shāng bēi）
春晓（chūn xiǎo） 唐（táng） 孟（mèng） 眠（mián） 闻（wén） 啼（tí）

2. 造（zào） 选（xuǎn） 木板（mù bǎn） 蛀虫（zhù chóng） 钉（dìng） 航行（háng xíng） 许多（xǔ duō） 次（cì） 货物（huò wù）
摇晃（yáo huàng） 被（bèi） 灌（guàn） 赶快（gǎn kuài） 排水（pái shuǐ） 沉没（chén mò）

3. 说不准（shuō bu zhǔn） 麦子（mài zi） 苗（miáo） 绿油油（lǜ yóu yóu） 师父（shī fu） 却（què） 所以（suǒ yǐ） 熟（shú）
磨（mò） 面粉（miàn fěn） 算（suàn） 碗（wǎn） 准备（zhǔn bèi） 端（duān） 吧（ba） 绊倒（bàn dǎo） 碎（suì）

4. 习惯（xí guàn） 整天（zhěng tiān） 扫（sǎo） 简单（jiǎn dān） 意思（yì si） 技术（jì shù） 剃头（tì tóu） 刮（guā）
重（zhòng） 血（xiě） 轻（qīng） 练习（liàn xí） 忘（wàng） 插（chā） 脑袋（nǎo dai）

5. 日记（rì jì） 晴（qíng） 小组（xiǎo zǔ） 早晨（zǎo chén） 刚好（gāng hǎo） 发现（fā xiàn） 烂（làn） 晾（liàng） 知识（zhī shi）
定量（dìng liàng） 斤（jīn） 软（ruǎn） 阴（yīn） 干净（gān jìng） 扒开（bā kāi） 睁开（zhēng kāi） 新鲜（xīn xiān） 香（xiāng）

6. 蚯蚓（qiū yǐn） 篇（piān） 吵架（chǎo jià） 酷（kù） 晚会（wǎn huì） 舞台（wǔ tái） 表演（biǎo yǎn） 舞蹈（wǔ dǎo）
文章（wén zhāng） 句（jù） 哇（wā）

7. 总（zǒng） 盼望（pàn wàng） 于是（yú shì） 死（sǐ） 照样（zhào yàng） 工程师（gōng chéng shī） 先生（xiān sheng） 想象力（xiǎng xiàng lì）

117

　　　　zhuā jǐn　　tí gāo　　shēng dòng　　zhuī　　bàng wǎn　　suī rán　　　　dàn shì
　　　　抓紧　　提高　　生动　　追　　傍晚　　虽然……但是……
　　　　xǐ zǎo
　　　　洗澡

　　　　mí lù　　qiān wàn　　huāng zhāng　　tiān rán　　zhǐ nán zhēn　　zhǔn què　　fāng xiàng
8.　迷路　千万　慌张　天然　指南针　准确　方向
　　　　xiàng dǎo　　shù yǐng　　běi jí xīng　　yǒng yuǎn　　chuǎng　　tè bié　　xì
　　　　向导　树影　北极星　永远　闯　特别　细
　　　　guān chá
　　　　观察

　　　　láng　　dòng wù xué jiā　　shòu shāng　　zāng　　ruò　　pā　　huái　　wěn　　tǎng
9.　狼　动物学家　受伤　脏　弱　趴　怀　吻　躺
　　　　yòu　　dǎ zhēn　　kǎo ròu　　yǐn lái　　zhuǎ zi　　wéi　　táo zǒu
　　　　幼　打针　烤肉　引来　爪子　围　逃走

　　　　liú　　lǎo lao　　wèi　　xìng　　guō　　fēn zhōng　　bào zhǐ　　xì jūn　　shōu yīn jī
10.　刘　姥姥　位　姓　锅　分钟　报纸　细菌　收音机
　　　　pò huài　　yíng yǎng　　tàng　　róng yì　　ái　　hú tu
　　　　破坏　营养　烫　容易　癌　糊涂

　　　　bó bo　　fēi xíng yuán　　jié shù　　yán shí　　nián qīng　　dī dā　　jiǎo bù
11.　伯伯　飞行员　结束　岩石　年轻　滴答　脚步
　　　　guāng yīn　　cùn　　ài xī　　rú tóng　　shēng mìng
　　　　光阴　寸　爱惜　如同　生命

　　　　yě zhū　　cháng jǐng lù　　qiāo mén　　xiōng di　　zhuāng　　àn　　mén líng　　gòu bu zháo
12.　野猪　长颈鹿　敲门　兄弟　装　按　门铃　够不着
　　　　bàn fǎ　　jià　　tī zi
　　　　办法　架　梯子

　　　　guō　　qiú　　cáng　　jiāng lái　　kě lián　　è　　jiù　　píng lǐ　　tóng yì
13.　郭　求　藏　将来　可怜　饿　救　评理　同意
　　　　zā shang　　gǎi
　　　　扎上　改

　　　　shān hú　　tuì cháo　　lù chū　　měi lì　　chú le　　xíng zhuàng　　qí shí　　fēn mì
14.　珊瑚　退潮　露出　美丽　除了　形状　其实　分泌

118

石灰质 触手 不断 各种各样 一代 死亡 岛
由……组成

15. 节约 美德 惊奇 姥爷 宝贝 修理 橡皮泥
捏 逛 财宝 便宜 缝 枕头 享受 成果

16. 参观 兵马俑 古城 历史 著名 博物馆 秦朝
整齐 队伍 将军 士兵 骑兵 眉毛 跪
导游

17. 劳工 市长 辞退 感动 帮助 识字 惊叹不止
退休 存 捐 建立 研究 文化 了解 平静
东亚系 高贵 纪念

18. 牛郎 累 人间 妻子 善良 答应 结婚 布
幸福 相传 农历 喜鹊 架桥 银河

19. 骆驼 稀有 气温 淡水 咸 盐泉 几乎 逃进
千克 沙暴 眼泪 冲洗 关心 部 电影
套 邮票

20. 祝 梁 扮 遇 心心相印 求婚 拒绝 出嫁

bēi tòng	qù shì	fén mù	liè kāi	liú chuán	biān	xì jù	xiǎo tí
悲痛	去世	坟墓	裂开	流传	编	戏剧	小提

qín　yuè qǔ
琴　乐曲

共计300个生词

生词表（繁）

1. 古詩 川 何時 復 歸 少壯 努力 徒 傷悲
   春曉 唐 孟 眠 聞 啼

2. 造 選 木板 蛀蟲 釘 航行 許多 次 貨物
   搖晃 被 灌 趕快 排水 沉沒

3. 說不準 麥子 苗 綠油油 師父 卻 所以 熟
   磨 麵粉 算 碗 準備 端 吧 絆倒 碎

4. 習慣 整天 掃 簡單 意思 技術 剃頭
   刮 重 血 輕 練習 忘 插 腦袋

5. 日記 晴 小組 早晨 剛好 發現 爛 晾 知識
   定量 斤 軟 陰 乾淨 扒開 睜開 新鮮 香

6. 蚯蚓 篇 吵架 酷 晚會 舞臺 表演 舞蹈
   文章 句 哇

7. 總 盼望 於是 死 照樣 工程師 先生 想象力

　　　　zhuā jǐn　　tí gāo　　shēng dòng　　zhuī　　bàng wǎn　　suī rán　　dàn shì
　　　　抓緊　　提高　　生動　　追　　傍晚　　雖然……但是……
　　　　xǐ zǎo
　　　　洗澡

　　　　mí lù　　qiānwàn　　huāngzhāng　　tiān rán　　zhǐ nán zhēn　　zhǔn què　　fāng xiàng
8.　迷路　千萬　慌張　天然　指南針　準確　方向
　　　　xiàng dǎo　　shù yǐng　　běi jí xīng　　yǒng yuǎn　　chuǎng　　tè bié　　xì
　　　　向導　　樹影　　北極星　　永遠　　闖　　特別　　細
　　　　guān chá
　　　　觀察

　　　　láng　　dòng wù xué jiā　　shòu shāng　　zāng　　ruò　　pā　　huái　　wěn　　tǎng
9.　狼　動物學家　受傷　臟　弱　趴　懷　吻　躺
　　　　yòu　　dǎ zhēn　　kǎo ròu　　yǐn lái　　zhuǎ zi　　wéi　　táo zǒu
　　　　幼　　打針　　烤肉　　引來　　爪子　　圍　　逃走

　　　　wèi　　xìng　　liú　　lǎo lao　　guō　　fēn zhōng　　bào zhǐ　　xì jūn　　shōu yīn jī
10.　位　姓　劉　姥姥　鍋　分鐘　報紙　細菌　收音機
　　　　pò huài　　yíng yǎng　　tàng　　róng yì　　ái　　hú tu
　　　　破壞　　營養　　燙　　容易　　癌　　糊塗

　　　　bó bo　　fēi xíng yuán　　jié shù　　yán shí　　nián qīng　　dī dā　　jiǎo bù
11.　伯伯　飛行員　結束　岩石　年輕　滴答　腳步
　　　　guāng yīn　　cùn　　ài xī　　rú tóng　　shēng mìng
　　　　光陰　　寸　　愛惜　　如同　　生命

　　　　yě zhū　　cháng jǐng lù　　qiāo mén　　xiōng di　　zhuāng　　àn　　mén líng　　gòu bu zháo
12.　野豬　長頸鹿　敲門　兄弟　裝　按　門鈴　夠不著
　　　　bàn fǎ　　jià　　tī zi
　　　　辦法　　架　　梯子

　　　　guō　　qiú　　cáng　　jiāng lái　　kě lián　　è　　jiù　　píng lǐ　　tóng yì
13.　郭　求　藏　將來　可憐　餓　救　評理　同意
　　　　zā shang　　gǎi
　　　　紮上　　改

　　　　shān hú　　tuì cháo　　lù chū　　měi lì　　chú le　　xíng zhuàng　　qí shí　　fēn mì
14.　珊瑚　退潮　露出　美麗　除了　形狀　其實　分泌

石灰質（shí huī zhì）　觸手（chù shǒu）　不斷（bú duàn）　各種各樣（gè zhǒng gè yàng）　一代（yí dài）　死亡（sǐ wáng）　島（dǎo）

由……組成（yóu……zǔ chéng）

15. 節約（jié yuē）　美德（měi dé）　驚奇（jīng qí）　姥爺（lǎo ye）　寶貝（bǎo bèi）　修理（xiū lǐ）　橡皮泥（xiàng pí ní）　捏（niē）　逛（guàng）　財寶（cái bǎo）　便宜（pián yi）　縫（féng）　枕頭（zhěn tou）　享受（xiǎng shòu）　成果（chéng guǒ）

16. 參觀（cān guān）　兵馬俑（bīng mǎ yǒng）　歷史（lì shǐ）　古城（gǔ chéng）　著名（zhù míng）　博物館（bó wù guǎn）　秦朝（qín cháo）　整齊（zhěng qí）　隊伍（duì wu）　將軍（jiāng jūn）　士兵（shì bīng）　騎兵（qí bīng）　跪（guì）　眉毛（méi mao）　導游（dǎo yóu）

17. 勞工（láo gōng）　市長（shì zhǎng）　辭退（cí tuì）　感動（gǎn dòng）　幫助（bāng zhù）　識字（shí zì）　驚嘆不止（jīng tàn bù zhǐ）　退休（tuì xiū）　存（cún）　捐（juān）　建立（jiàn lì）　研究（yán jiū）　文化（wén huà）　瞭解（liǎo jiě）　平靜（píng jìng）　東亞系（dōng yà xì）　高貴（gāo guì）　紀念（jì niàn）

18. 牛郎（niú láng）　累（lèi）　人間（rén jiān）　妻子（qī zi）　善良（shàn liáng）　答應（dā yìng）　結婚（jié hūn）　布（bù）　幸福（xìng fú）　相傳（xiāng chuán）　農曆（nóng lì）　喜鵲（xǐ què）　架橋（jià qiáo）　銀河（yín hé）

19. 駱駝（luò tuó）　稀有（xī yǒu）　氣溫（qì wēn）　淡水（dàn shuǐ）　鹹（xián）　鹽泉（yán quán）　幾乎（jī hū）　逃進（táo jìn）　千克（qiān kè）　沙暴（shā bào）　眼淚（yǎn lèi）　沖洗（chōng xǐ）　關心（guān xīn）　部（bù）　電影（diàn yǐng）　套（tào）　郵票（yóu piào）

20. 祝（zhù）　梁（liáng）　扮（bàn）　遇（yù）　心心相印（xīn xīn xiāng yìn）　求婚（qiú hūn）　拒絕（jù jué）　出嫁（chū jià）

bēi tòng	qù shì	fén mù	liè kāi	liú chuán	biān	xì jù	xiǎo tí
悲痛	去世	墳墓	裂開	流傳	編	戲劇	小提

qín　yuè qǔ
琴　樂曲

共計300個生詞

新双双中文教材 5

New Chinese Language and Culture Course

练习本 Workbook

第五册 单课 5A

[美] 王双双 编著

北京大学出版社
PEKING UNIVERSITY PRESS

目　录

第一课　　古诗 …………………………………………………… 1

第三课　　说不准 ………………………………………………… 6

第五课　　养兔日记 ……………………………………………… 10

第七课　　都来讲故事 …………………………………………… 13

第九课　　狼朋友 ………………………………………………… 17

第十一课　时间伯伯 ……………………………………………… 22

第十三课　东郭先生和狼 ………………………………………… 27

第十五课　节约是美德 …………………………………………… 30

第十七课　丁龙先生的梦 ………………………………………… 34

第十九课　野骆驼 ………………………………………………… 39

第一课 古诗

练习一　　练习二　　练习三

一　写生词

川					
复					
归					
徒					
唐					
孟					
眠					
闻					

啼					
古	诗				
何	时				
少	壮				
努	力				
伤	悲				
春	晓				

二　组词

悲＿＿＿　　努＿＿＿　　眠＿＿＿　　闻＿＿＿

三　写出反义词（选方框里的词语）

伤悲＿＿＿　　壮＿＿＿　　少＿＿＿

　　　　　　　　　　　　　　　　　　| 老　弱 |
　　　　　　　　　　　　　　　　　　| 快乐 |

四　背诵诗歌《长歌行》

| 第一课 古诗 | 练习一 ★ 练习二 ☆ 练习三 |

一 词语解释（选方框里的词语）

1. 何时 _____

2. 少壮 _____

3. 归 _____ 4. 眠 _____

5. 闻 _____

> 年轻力壮
> 什么时候
> 睡觉
> 听
> 回

二 选择填空

1. "百川东到海，何时复西归"意思是_____。

   A. 河水不会向西流

   B. 河水东流入海，不会倒流，时间也是一去不回

2. "少壮不努力，老大徒伤悲"意思是_____。

   A. 年轻时不努力，老了后悔也晚了

   B. 年轻时老玩儿，老了就会伤心

*思考题

诗句"百川东到海，何时复西归"是说中国的大河都向东流入大海，不会向西流。为什么？可以看看中国的地形图。

第一课 古诗

练习二

三 背诵诗歌《春晓》

四 抄写古诗

长歌行
百川东到海
何时复西归
少壮不努力
老大徒伤悲

春晓
春眠不觉晓
处处闻啼鸟
夜来风雨声
花落知多少

第一课 古诗

练习一　练习二　**练习三**

一　文字游戏

1. 谜语"耳进门",打一字。

   提示:人们走进家门,会说一些外边听到的事情。

2. "努"字可以分成几部分?

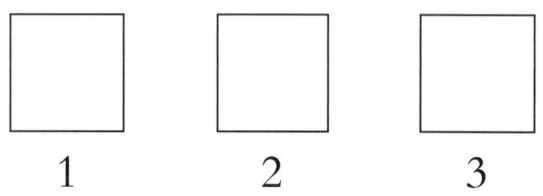

二　读《写给朋友的信》判断对错

1. 小华给冬冬写了一封信。　　　　　___对___错

2. 冬冬做梦都想玩儿。　　　　　　　___对___错

3. 冬冬的作业太少了。　　　　　　　___对___错

三　口头练习

你的作业多吗?你有什么建议?

| 第一课 古诗 | 练习一 | 练习二 | ★ 练习三 |

四 手工作业

做"古诗扇子"

1. 找一张硬白纸按照扇页的大小画出
2. 剪好扇页，抄写诗句
3. 在圆孔上用小钉将扇页钉起

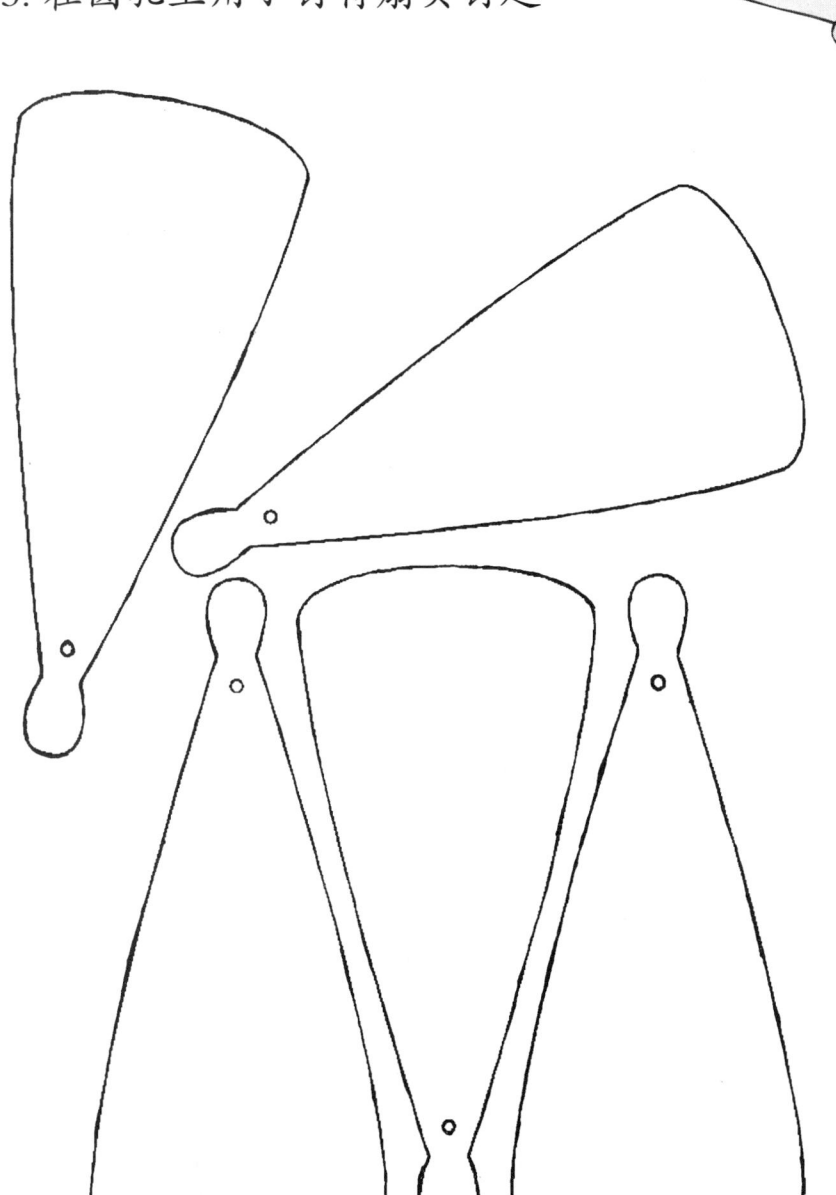

周英老师提供

第三课 说不准

练习一

一 写生词

苗					
却					
熟					
磨					
算					
碗					
端					
吧					
碎					

麦	子				
师	父				
所	以				
面	粉				
准	备				
绊	倒				
说	不	准			
绿	油	油			

二 下列汉字是由哪几部分组成的？

却：（　　）+（　　）　　　粉：（　　）+（　　）

苗：（　　）+（　　）　　　绊：（　　）+（　　）

三 组词

磨＿＿＿＿　　粉＿＿＿＿　　苗＿＿＿＿　　碗＿＿＿＿

端＿＿＿＿　　麦＿＿＿＿　　准＿＿＿＿　　绊＿＿＿＿

第三课 说不准

练习一　**练习二**　练习三

一　选词填空

1. 我等了_____也没见到你。（半天　绊倒）

2. 爬山的时候，我不小心被石头_____了。（半天　绊倒）

3. _____可以做面包。（面粉　米粉）

4. 小和尚端着一_____面条。（个　碗）

二　给多音字加拼音

1. 今天的作业很少（　　）。

2. 少（　　）壮不努力，老大徒伤悲。

3. 小和尚被绊倒（　　）了，碗里的面条倒（　　）在了地上。

三　根据课文判断对错

1. 胖和尚和瘦和尚种了一片麦子。　　　　___对___错

2. 这一年雨水多，麦子丰收了。　　　　　___对___错

3. 小和尚给老和尚做了一碗面条。　　　　___对___错

4. 老和尚被绊倒了。　　　　　　　　　　___对___错

| 第三课 说不准 | 练习一 | **练习二** | 练习三 |

5. 老和尚没吃上面条。　　　　　　　　　　＿＿对＿＿错

6. 老和尚说得对。　　　　　　　　　　　　＿＿对＿＿错

四 这是唐代古庙，参看草图自己画一张古庙图

古庙草图

第三课 说不准

练习一　　练习二　　**练习三**

一　造句

　　准备＿＿＿＿＿＿＿＿＿＿＿＿＿＿＿＿＿＿＿＿＿＿＿＿

　　说不准＿＿＿＿＿＿＿＿＿＿＿＿＿＿＿＿＿＿＿＿＿＿＿＿

二　读课文两遍

三　讲一讲"说不准"的故事

- 老和尚和小和尚种麦子。
- 麦苗出土后，绿油油的，很可爱。
- 麦子熟了，收到庙中磨成了面粉。
- 小和尚做了面条，端给老和尚。
- 小和尚被绊倒，面条倒在了地上。

四　说一说

　　你生活中有没有眼看就要成功的事情后来没成？

第五课 养兔日记

练习一

一 写生词

晴					
烂					
晾					
斤					
软					
阴					
香					
日	记				
小	组				

早	晨				
刚	好				
发	现				
知	识				
定	量				
干	净				
扒	开				
睁	开				
新	鲜				

二 组字

日 + 青 — ☐   目 + 争 — ☐

日 + 京 — ☐   亲 + 斤 — ☐

鱼 + 羊 — ☐   讠 + 只 — ☐

三 连线

天——晴   告　识   造　组

眼　睛   知　诉   小　句

第五课 养兔日记

练习一　　练习二　　练习三

一　选词填空

1. 你能不能_____我昨天谁去看戏了。（告诉　说）

2. 我学到了很多养鱼的_____。（文化　知识）

3. 学校里有机器人_____和篮球_____。（小组　大组）

二　写出反义词

晴——　　　　睁开——　　　　轻——

三　组词

| 晾 _____ | 睁 _____ | 晴 _____ |
| 京 _____ | 争 _____ | 睛 _____ |

四　造句

发现_____

新鲜_____

五　读课文两遍

第五课 养兔日记

练习一　　　练习二　　　**练习三**

一　根据课文判断对错

1. 小兔刚生下来都是闭着眼睛的。　　　　＿＿对＿＿错

2. 兔子爱吃烂菜叶。　　　　　　　　　　＿＿对＿＿错

3. 喂兔子要定时定量。　　　　　　　　　＿＿对＿＿错

4. 天冷的时候兔子也要多喝点儿水。　　　＿＿对＿＿错

5. 不能给兔子吃坏了的东西。　　　　　　＿＿对＿＿错

6. 一只公兔要生小兔了，我真高兴！　　　＿＿对＿＿错

7. 老师叫我把软草放进鸡窝，怕小鸡着凉。＿＿对＿＿错

8. 我想看看小兔的眼睛是不是红的。　　　＿＿对＿＿错

二　写一写

养兔子要注意哪些事情？

1. _____

2. _____

3. _____

4. _____

三　说一说

你养过什么动物？要注意哪些事情？

第七课 都来讲故事

练习一　　　练习二　　　练习三

一　写生词

总					
死					
追					
盼	望				
于	是				
照	样				
先	生				
抓	紧				

提	高				
生	动				
傍	晚				
虽	然				
但	是				
洗	澡				
工	程	师			
想	象	力			

二　组字

目 + 分 — ☐　　　　禾 + 呈 — ☐

日 + 免 — ☐　　　　口 + 虫 — ☐

三　连线

升　门　　旁　边　　洗　后

开　起　　傍　晚　　先　澡

第七课 都来讲故事

练习一

四 组词

盼_____　　抓_____　　提_____

五 将相关的人分在一个小组

工程师　　老师　　工人　　船主　　病人

小和尚　　师父　　学生　　医生　　校长

○ 老师

○ 师父

○ 病人

○ 工人

六 读课文一遍

第七课 都来讲故事

练习一　**练习二**　练习三

一　根据课文判断对错

1. 狐狸总是在晚上干好事。　　　　　　　___对___错

2. 没有了公鸡，白天照样到来。　　　　　___对___错

3. 老师把这个故事在一年级课堂上讲了。　___对___错

4. 李老师的先生是一位工程师。　　　　　___对___错

5. 学生是有想象力的。　　　　　　　　　___对___错

6. 狐狸追上了太阳。　　　　　　　　　　___对___错

二　把下列句子改成"把"字句

1. 妈妈忘了这件事。　妈妈把这件事忘了。

2. 他每本书都看了一遍。_____

3. 妹妹的作业都做完了。_____

4. 我洗了碗。_____

三　给多音字加拼音

1. 他是个有礼貌的好（　　）孩子。

2. 我爱好（　　）音乐。

3. 爷爷的身体很好（　　）。

四　读课文一遍

第七课 都来讲故事

练习一　练习二　练习三

一　选择填空

> 虽然……但是……　　越……越……

1. 小弟弟_____只有五岁，_____已经会写字了。

2. 张大平_____个子不太高，_____跑得飞快。

3. 我_____来_____喜欢游泳了。

二　造句

虽然……但是……_____

三　写一段狐狸的日记

提示：狐狸追太阳，怎么越追太阳离它越远？

第九课 狼朋友

练习一　　　练习二　　　练习三

一　写生词

狼				
脏				
弱				
趴				
怀				
吻				
躺				
幼				
围				

受	伤			
打	针			
烤	肉			
引	来			
爪	子			
逃	走			
动	物	学	家	

二　组字

月 + 庄 — ☐　　　火 + 考 — ☐

口 + 勿 — ☐　　　忄 + 不 — ☐

第九课 狼朋友

练习一

三 圈出词语（8个），并写下来

逃	引	爪	子	引	又
脏	来	逃	怀	脏	幼
幼	狼	走	又	烤	爪
逃	怀	弱	受	肉	走
受	伤	烤	来	怀	里

1. _____ 2. _____ 3. _____

4. _____ 5. _____ 6. _____

7. _____ 8. _____

第九课 狼朋友

练习一　**练习二**　练习三

一　根据课文判断对错

1. 一位年轻的动物学家住在森林里。　　　___对___错

2. 猎人救了小狼。　　　___对___错

3. 动物学家和狼成了朋友。　　　___对___错

4. 狼群吓走了大黑熊。　　　___对___错

二　选择填空

1. 动物学家给小狼喂了一块牛肉，又给它洗干净，_____。

　　A. 吃药　　　　　B. 包好伤口

2. 小狼每天去小木屋，动物学家打开门时，_____。

　　A. 小狼就趴在动物学家怀里，吻他的身子和脸

　　B. 小狼围着动物学家跑

3. 小狼想让动物学家跟它去山洞，小狼_____。

　　A. 大声乱叫　　　　B. 咬住动物学家的衣服，想拉他出来

4. 一只母狼身边躺着一只幼狼，弱得_____。

　　A. 连眼睛都睁不开　　　B. 跑来跑去

三　读课文两遍

第九课 狼朋友

练习三

一 如果你是一个动物学家、音乐家、天文学家、作家、数学家、画家，请写下你想说的一句话

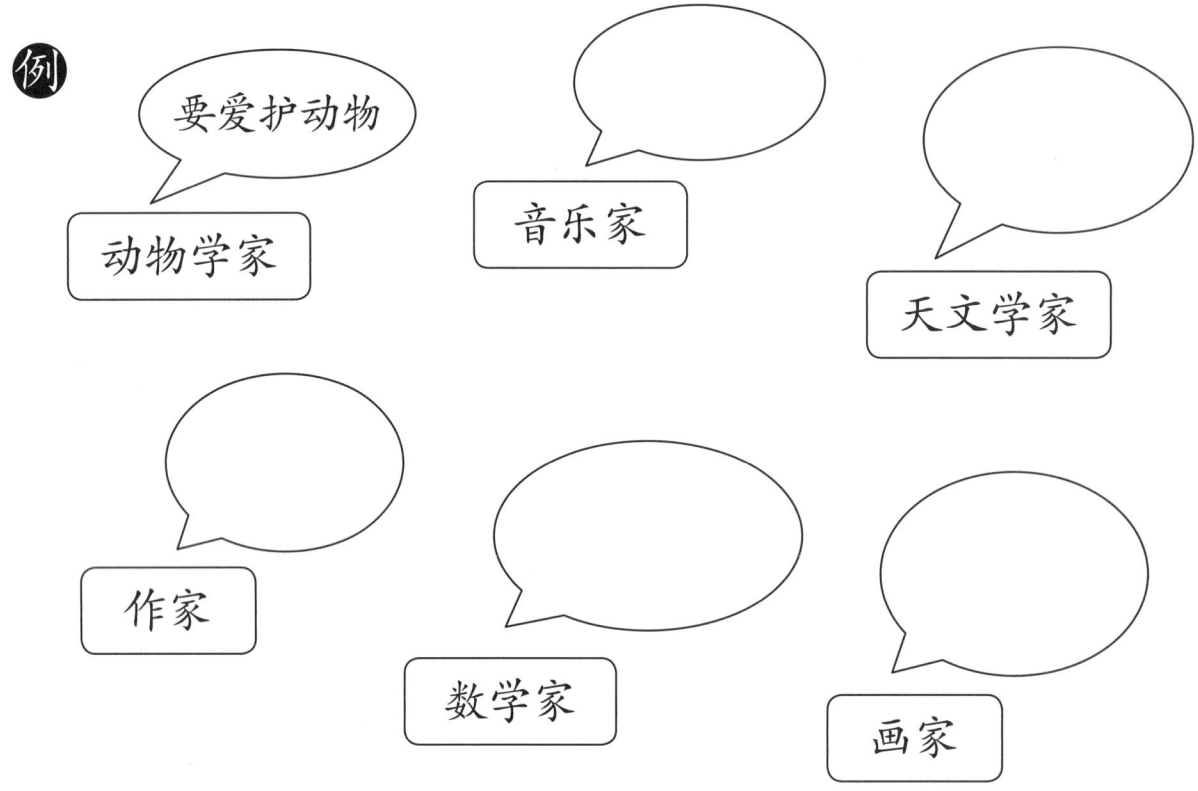

二 回答问题（可用中文或英文写出名字）

1. 你知道的画家有谁？

_____

2. 你知道的音乐家有谁？

_____

3. 你知道的天文学家有谁？

_____

4. 你知道的作家有谁？

_____

5. 你知道的数学家有谁？

_____

6. 你知道的动物学家有谁？

_____

第九课 狼朋友

练习一　　练习二　　**练习三**

三　造句

　　虽然……但是……_____

四　缩写《狼朋友》（至少五句）

_____

_____

_____

_____

_____

＊选做　你养过动物吗？它们是什么样的？请写一写。

第十一课 时间伯伯

练习一   练习二   练习三

一　写生词

寸					
伯	伯				
结	束				
岩	石				
年	轻				
滴	答				

脚	步				
光	阴				
爱	惜				
如	同				
生	命				
飞	行	员			

二　组字

口 + 贝 — ☐   女 + 口 — ☐

山 + 石 — ☐   月 + 却 — ☐

三　读一读下面带有"日"的汉字，想想这些字的意思

阳　明　晴　照

四　读课文三遍

第十一课 时间伯伯

练习一　练习二　练习三

一　在字表中找出下列词语，并圈出来（12个）

脚	飞	行	光	爱	束	命
员	步	结	伯	岩	结	员
爱	脚	束	石	步	行	滴
一	惜	光	同	飞	生	步
石	寸	伯	伯	命	如	一
同	年	行	光	阴	滴	同
飞	轻	寸	阳	答	岩	惜

1. 伯伯　　2. 飞行员
3. 年轻　　4. 结束
5. 岩石　　6. 滴答
7. 脚步　　8. 光阴
9. 一寸　　10. 爱惜
11. 如同　　12. 生命

二　根据课文判断对错

1. 时间伯伯，你是一个飞行员。　　　　___对___错

2. 时间伯伯，我知道你有多少岁。　　　___对___错

3. 时间好像没有开始也没有结束。　　　___对___错

4. 一寸光阴一寸银。　　　　　　　　　___对___错

5. 时间比金子宝贵。　　　　　　　　　___对___错

第十一课 时间伯伯

练习一　　练习二　　练习三

三　写出反义词

白天——　　　　古老——　　　　开始——

四　读诗歌，写文章《你愿时间停在哪里》

诗歌

> 你愿时间停在哪里
>
> 昨天的星星不是今天的星星，
>
> 昨天的太阳不是今天的太阳。
>
> 天上斗转星移，
>
> 地上生生不息。
>
> 要是时间可以停留，
>
> 想想，你愿它停在哪里？

范文

我想当一个七岁的小孩儿

邢轩萱

要是我可以选择，我一辈子都停留在七岁。因为七岁的小孩儿不用做作业，也不用做家务。

在五年级，老师给我很多作业。爸爸妈妈又给我加上数学、西班牙语和画画的作业。要是我只有七岁，老师、爸妈就不会给我很多作业。

第十一课 时间伯伯

练习一　　练习二　　练习三

　　而且，一个七岁的孩子不用做家务。我现在十一岁了，妈妈老是叫我去洗盘子，爸爸总是告诉我去叠床单。我不是偷懒，只是觉得有一点儿麻烦。

　　这就是我为什么想当一个七岁小孩儿的原因。

作文

你愿时间停在哪里

第十一课 时间伯伯

练习三

一 抄写《明日歌》

明日歌

明日复明日

明日何其多

日日待明日

万事成蹉跎

二 诗歌解释

明日复明日＿＿＿＿＿＿＿＿＿＿＿＿＿＿＿＿＿＿

明日何其多＿＿＿＿＿＿＿＿＿＿＿＿＿＿＿＿＿＿

日日待明日＿＿＿＿＿＿＿＿＿＿＿＿＿＿＿＿＿＿

万事成蹉跎＿＿＿＿＿＿＿＿＿＿＿＿＿＿＿＿＿＿

第十三课
东郭先生和狼

★ 练习一　　　☆ 练习二　　　☆ 练习三

一　写生词

郭					
求					
藏					
饿					
救					
改					

将	来				
可	怜				
评	理				
同	意				
扎	上				

二　组字

饣＋我 —□　　　　　求＋攵 —□

忄＋令 —□　　　　　讠＋平 —□

三　每字组两词

| 语 | | 　　　| 救 | | 　　　| 民 | |

四　读课文一遍

第十三课 东郭先生和狼

练习一　练习二　练习三

一　选字组词

（受　爱）伤　　（饿　我）了　　要（求　救）

（受　爱）情　　（饿　我）们　　（求　救）命

二　写出反义词

同意——　　　　聪明——　　　　追——

三　造句

一……就…… _____

四　根据课文判断对错

1. 东郭先生骑着马，带着一口袋书。　　___对___错

2. 一只受伤的狗跑来。　　___对___错

3. 东郭先生知道狼是害人的。　　___对___错

4. 东郭先生把狼装进口袋中。　　___对___错

5. 东郭先生骗了猎人。　　___对___错

6. 狼要吃东郭先生。　　___对___错

7. 农民救了东郭先生。　　___对___错

第十三课 东郭先生和狼

练习一　　练习二　　**练习三**

一　读课文（有语气）

　　狼在口袋里听见猎人走远了，就说："求求先生，把我放出去吧。"好心的东郭先生把狼放了出来。谁知道狼一出来，就对东郭先生大叫："现在我饿了，你就再做一次好事，让我吃了你吧。""什么？我救了你，你倒要吃我！哪有这样的道理？"东郭先生说。

二　看图写出狼和东郭先生的对话

狼：_____　　东郭：_____

_____　　_____

_____　　_____

_____　　_____

三　读快板《东郭先生和狼》

第十五课 节约是美德

练习一

一 写生词

捏					
逛					
缝					
节	约				
美	德				
惊	奇				
姥	爷				
宝	贝				

修	理				
财	宝				
便	宜				
枕	头				
享	受				
成	果				
橡	皮	泥			

二 组字

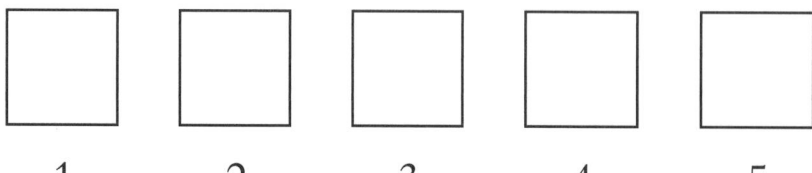

三 "德"字里可看出几部分？写出来

☐ ☐ ☐ ☐ ☐
1　2　3　4　5

四 读课文一遍

第十五课 节约是美德

练习一　★练习二　练习三

一　组词

节_____　德_____　惊_____　修_____

逛_____　便_____　缝_____　财_____

二　每字组两词

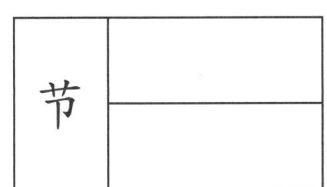　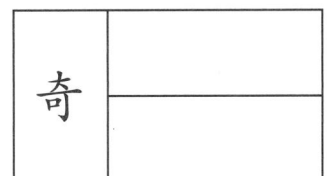　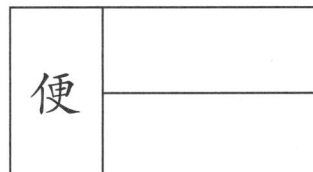

三　选词填空

便宜　垃圾　孔雀　刷成　缝了

有一天，我找到两把漂亮的椅子。一个椅背像_____尾巴，另一个椅背是椭圆形的。椅子有点旧了，所以很_____。回家后，我把椅子修好。小的那把我_____了黄色，大的那把，我用红布_____一个枕头放在上面。我像姥爷一样把别人的_____变成我的"财宝"。

四　造句

一个……另一个……_____

第十五课 节约是美德

练习一　　练习二　　**练习三**

一　写出反义词

便宜——

节约——

垃圾——

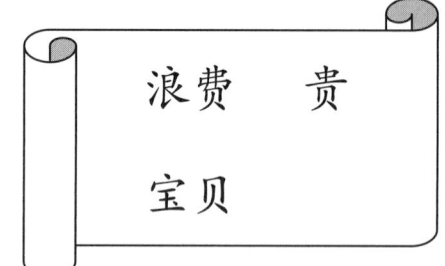
浪费　贵
宝贝

二　选词填空

1. 小时候我总是用惊奇的目光看我的_____。

　（姥爷　老爷）

2. 姥爷能把破烂变成_____。（珠宝　"宝贝"）

3. 姥爷很_____。（春节　节约）

4. 我_____了两把旧椅子。（修理　道理）

5. 我坐在椅子上读书，_____节约的成果。

　（可爱　享受）

三　读课文一遍

第十五课 节约是美德

练习一　练习二　**练习三**

四　写一篇作文

举例说明"节约是美德"

第十七课 丁龙先生的梦

 练习一　　　　练习二　　　　练习三

一　写生词

存					
捐					
劳	工				
市	长				
辞	退				
感	动				
帮	助				
识	字				
退	休				
建	立				

研	究				
文	化				
了	解				
平	静				
高	贵				
纪	念				
东	亚	系			
惊	叹	不	止		

二　组字

　　　石 + 开 — □　　　　　口 + 又 — □

　　　今 + 心 — □　　　　　舌 + 辛 — □

第十七课 丁龙先生的梦

练习一

三 组词

辞＿＿＿　　存＿＿＿　　研＿＿＿　　纪＿＿＿

建＿＿＿　　退＿＿＿　　贵＿＿＿　　劳＿＿＿

识＿＿＿　　市＿＿＿　　系＿＿＿　　惊叹＿＿＿

四 读下面的字，看看每组字的不同

| 上 | 止 |　　| 休 | 体 |

五 每字组两词

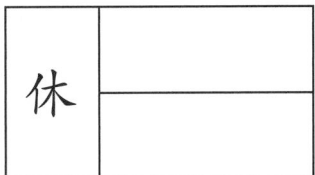

35

第十七课 丁龙先生的梦

练习一　★练习二　练习三

一　根据课文判断对错

1. 一百年前的美国，有位叫丁龙的中国劳工。　　___对___错

2. 市长受伤了，丁龙不想回来照看他。　　___对___错

3. 丁龙的父亲是个读书人，读过孔子的书。　　___对___错

4. 丁龙没有机会读书。　　___对___错

5. 市长帮助丁龙在哥伦比亚大学建立了东亚系。___对___错

6. 丁龙的照片挂在哥伦比亚大学的东亚系。　　___对___错

二　选词填空

1. 丁龙的故事是一个_____的故事。（真实　神话）

2. 丁龙的父亲和爷爷_____。（是读书人　不识字）

3. 丁龙希望美国人_____中华文明。（了解　解开）

4. 劳苦华工丁龙的梦想真的很_____。（高贵　惊奇）

三　读课文两遍

第十七课 丁龙先生的梦

练习一　练习二　**练习三**

一　找出三对反义词，并写出来

老板　劳工　认真　马虎　捐出　接受

1. ☐ — ☐ 　　2. ☐ — ☐

3. ☐ — ☐

二　选词填空

感动得　东亚系　捐出　血汗钱　建立

市长接到丁龙一生的_____，_____久久不能平静。为了让丁龙梦想成真，他自己也_____27.5万元，在哥伦比亚大学_____了东亚系。它是美国最早的_____。

三　回答问题

1. 丁龙的梦想是什么？
   _____

2. 市长为什么感动了？
   _____

3. 你有什么梦想吗？
   _____

第十七课 丁龙先生的梦

练习三

四 写出市长和丁龙的对话

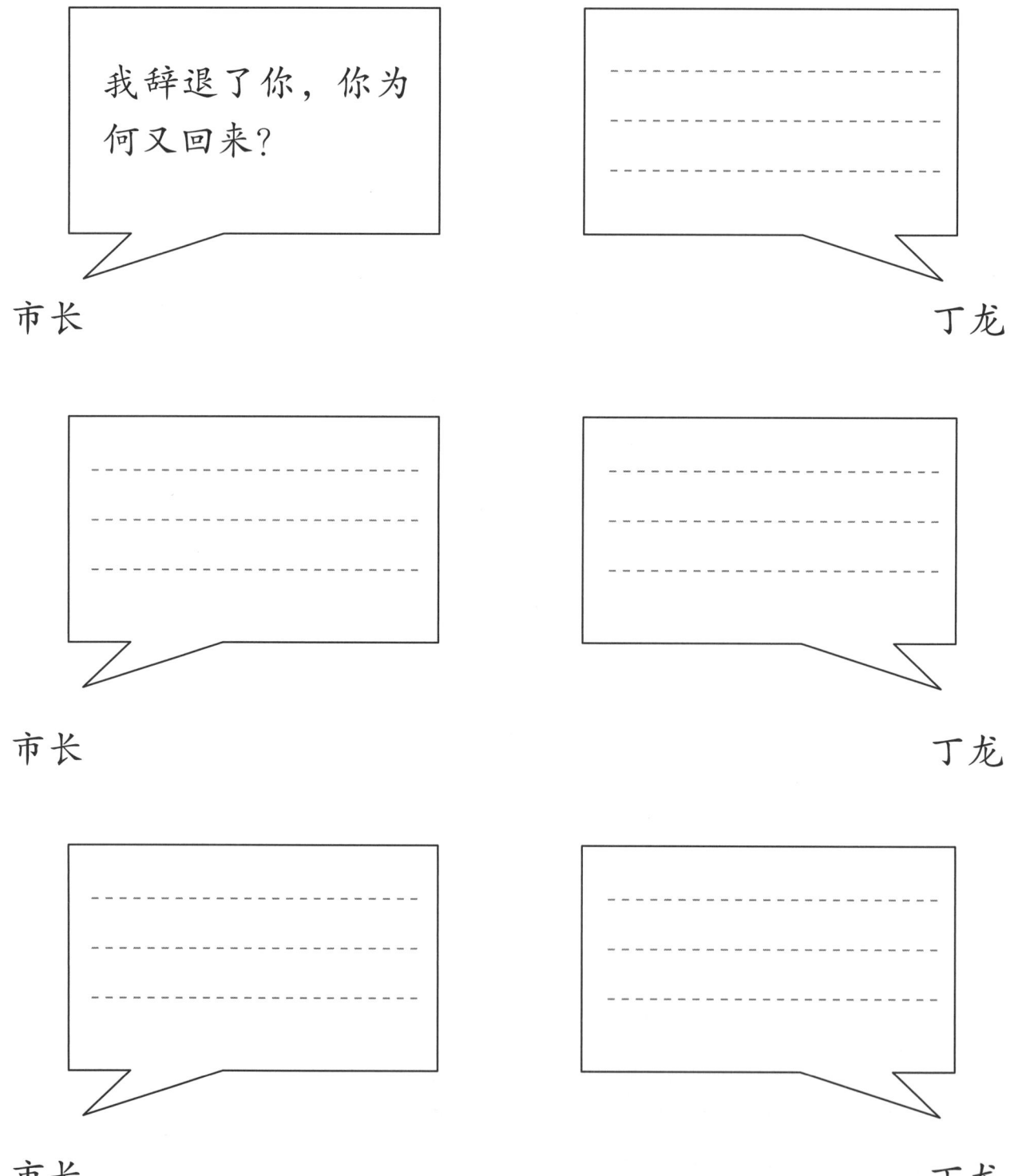

第十九课 野骆驼

练习一

一 写生词

咸					
部					
套					
骆	驼				
稀	有				
气	温				
淡	水				
盐	泉				

几	乎				
逃	进				
千	克				
沙	暴				
眼	泪				
冲	洗				
关	心				
电	影				
邮	票				

二 组字

马 + 各 — ☐   马 + 它 — ☐   白 + 水 — ☐

三 组词

骆＿＿＿   稀＿＿＿   淡＿＿＿   乎＿＿＿

温＿＿＿   冲＿＿＿   暴＿＿＿   套＿＿＿

逃＿＿＿   部＿＿＿   邮＿＿＿   泉＿＿＿

第十九课 野骆驼

练习一　★练习二　练习三

一　读下面的字，再组词

目　　　　　泪

目_____　　泪_____

二　量词填空

套　　部

1. 到现在还没有一_____关于野骆驼的电影。

2. 1993年，中国出了第一_____野骆驼的邮票。

三　根据课文选词填空

稀稀拉拉　寸草不生　一望无边　又苦又咸

野骆驼生活在中国新疆。那里是_____的沙漠。那里没有淡水，有的只是_____的盐泉；大部分地方_____，只在盐泉边上长着_____的盐生草。

第十九课 野骆驼 练习二

四 根据课文判断对错

1. 野骆驼是非常稀有的动物,比大熊猫多。　　___对___错

2. 野骆驼喜欢喝淡水。　　___对___错

3. 野骆驼是害怕人类才逃进沙漠的。　　___对___错

4. 野骆驼能不喝一口水,在沙漠里行走两个星期。___对___错

5. 骆驼流眼泪,是在哭。　　___对___错

6. 野骆驼越来越少,目前有1000多只。　　___对___错

第十九课 野骆驼

练习一　练习二　**练习三**

一　下列句子中哪些是野骆驼的真实生活，找出来写成短文

1. 野骆驼在中国的上海生活。

2. 中国新疆有野骆驼生活，那里是一望无边的沙漠。

3. 野骆驼只喝淡水。

4. 野骆驼吃的是几乎没有叶子的植物，喝的是又苦又咸的盐水。

5. 野骆驼可以不喝一口水，在沙漠里走两个星期。

6. 春天沙暴起时，白天就变成了黑夜，沙子石头乱飞。

7. 野骆驼目前只有800只左右了，我们应该关心野骆驼。

					野	骆	驼					

第十九课
野骆驼

练习一　　练习二　　**练习三**

二　想想我们能为野骆驼做些什么？写出你的建议

　　提示：拍电影、研究野骆驼、把野骆驼的故事讲给朋友听

_____

_____

_____

_____

第一课　听写

1.	2.	3.	4.
5.	6.	7.	8.
9.	10.	11.	12.

第三课　听写

1.	2.	3.	4.
5.	6.	7.	8.
9.	10.	11.	12.

第五课　听写

1.	2.	3.	4.
5.	6.	7.	8.
9.	10.	11.	12.

第七课　听写

1.	2.	3.	4.
5.	6.	7.	8.
9.	10.	11.	12.

第九课　听写

1.	2.	3.	4.
5.	6.	7.	8.
9.	10.	11.	12.

第十一课　听写

1.	2.	3.	4.
5.	6.	7.	8.
9.	10.	11.	12.

第十三课　听写

1.	2.	3.	4.
5.	6.	7.	8.
9.	10.	11.	12.

第十五课　听写

1.	2.	3.	4.
5.	6.	7.	8.
9.	10.	11.	12.

第十七课　听写

1.	2.	3.	4.
5.	6.	7.	8.
9.	10.	11.	12.

第十九课　听写

1.	2.	3.	4.
5.	6.	7.	8.
9.	10.	11.	12.

1.	2.	3.	4.
5.	6.	7.	8.
9.	10.	11.	12.

1.	2.	3.	4.
5.	6.	7.	8.
9.	10.	11.	12.

1.	2.	3.	4.
5.	6.	7.	8.
9.	10.	11.	12.

1.	2.	3.	4.
5.	6.	7.	8.
9.	10.	11.	12.

1.	2.	3.	4.
5.	6.	7.	8.
9.	10.	11.	12.

1.	2.	3.	4.
5.	6.	7.	8.
9.	10.	11.	12.

新双双中文教材 5

New Chinese Language and Culture Course

练习本 Workbook

第五册 双课 5B

[美] 王双双 编著

北京大学出版社
PEKING UNIVERSITY PRESS

目 录

第二课　　小虫和大船 …………………………………… 1

第四课　　坏习惯 ………………………………………… 6

第六课　　妈妈教我写日记 ……………………………… 9

第八课　　要是你在野外迷了路 ………………………… 13

第十课　　刘姥姥吃鸡蛋 ………………………………… 18

第十二课　　门铃 ………………………………………… 22

第十四课　　珊瑚 ………………………………………… 26

第十六课　　参观兵马俑 ………………………………… 31

第十八课　　牛郎织女 …………………………………… 35

第二十课　　梁山伯与祝英台 …………………………… 39

第二课 小虫和大船

练习一　　练习二　　练习三

一　写生词

造					
选					
钉					
次					
被					
灌					
木	板				
蛀	虫				

航	行				
许	多				
货	物				
摇	晃				
赶	快				
排	水				
沉	没				

二　下列汉字是由哪几部分组成的

造：（辶）+（告）　　许：（　）+（　）

选：（　）+（　）　　蛀：（　）+（　）

板：（　）+（　）　　钉：（　）+（　）

赶：（　）+（　）　　*货：（　）+（　）

三　编字谜

试一试，用"晃"字编个字谜

第二课 小虫和大船

练习一　　练习二　　练习三

一　在方框里圈出10个词语，并写下来

许	造	木	船	物	摇	快	行
选	钉	板	灌	子	晃	航	沿
没	水	船	赶	快	钉	蛀	虫
排	舱	许	虫	货	灌	排	水
选	多	物	许	物	水	被	晃

1. _____　　2. _____　　3. _____

4. _____　　5. _____　　6. _____

7. _____　　8. _____　　9. _____

10. _____

二　选择填空

1. 一家_____正在造一条大船。（船厂　农场）

2. 一个工人_____了一块木板。（选　先）

3. 木板上有个虫蛀的_____。（孔雀　小孔）

4. 船上_____了货物。（服装　装满）

第二课 小虫和大船

练习一　　练习二　　练习三

三 给多音字加拼音

1. 这只小狗长（　　）得真快！

2. 我每天要用很长（　　）时间做作业。

3. 一个小孔，出不了（　　）大事。

4. 这件衣服太小了（　　）。

5. 我没（　　）有书。

6. 大船在风浪中沉没（　　）了。

四 根据课文判断对错

1. 有一次，船上装满了货物，在河里航行。　　___对___错

2. 海上起了大风，船在风浪里摇晃着。　　___对___错

3. 船上的木板被浪头打穿了。　　___对___错

4. 海水直往船里灌。　　___对___错

5. 小小的蛀虫沉了一条大船。　　___对___错

五 读课文两遍

第二课 小虫和大船

练习一　　练习二　　**练习三**

一　造句

　　1. 被_____

　　2. 赶快_____

二　读一读，写一写

因　小　失　大

☐　☐　☐　☐

三　说一说

　　"小虫和大船"的故事，是说人们不要"因小失大"。你生活中有没有"因小失大"的事情？说给大家听听。

第二课
小虫和大船

练习一　　练习二　　★ 练习三

四　缩写课文《小虫和大船》（不少于五句）

_____

_____

_____

_____

_____

＊选做：

要是船主听了工人的话，故事会怎样？请写出来

第四课 坏习惯

练习一   练习二   练习三

一 写生词

扫					
刮					
重					
血					
轻					
忘					
插					
习	惯				

整	天				
简	单				
意	思				
技	术				
剃	头				
练	习				
脑	袋				

二 组字

扌＋支－ 技   田＋心－ ☐

弟＋刂－ ☐   代＋衣－ ☐

三 选字组词

（剃 第）头　　（整 正）天　　（门 简）单

（剃 第）一　　（整 正）在　　（门 简）前

脑（袋 代）　　（技 支）术　　刮（水 风）

第四课 坏习惯

练习一　　★ 练习二　　☆ 练习三

一　选词填空

　　1. 小和尚_____扫院子、做饭。（整天　整个）

　　2. 师父告诉小和尚剃头要_____。（小心　伤心）

　　3. 师父告诉小和尚这种_____不好。（练习　习惯）

　　4. 小和尚端着一_____面条。（个　碗）

二　给多音字加拼音

　　1. 你的书包太重（　　　）了，我来帮你拿吧。

　　2. 妈妈说我的作业太乱了，让我重（　　　）写一遍。

三　根据课文判断对错

　　1. 小和尚觉得清扫院子、做饭没意思。　　　___对___错

　　2. 师父教小和尚剃头的技术。　　　　　　　___对___错

　　3. 师父说："刮重了，头发刮不下来。"　　　___对___错

　　4. 小和尚在冬瓜上练习剃头。　　　　　　　___对___错

　　5. 小和尚有个坏习惯。　　　　　　　　　　___对___错

　　6. 坏习惯真可怕。　　　　　　　　　　　　___对___错

四　读课文两遍

第四课 坏习惯

练习一　　练习二　　**练习三**

一　造句

简单＿＿＿＿＿＿＿＿＿＿＿＿＿＿＿＿＿＿＿

用心＿＿＿＿＿＿＿＿＿＿＿＿＿＿＿＿＿＿＿

二　将下列习惯分成两类，写在表中

讲卫生　　　　　　乱扔垃圾

整理屋子　　　　　饭前不洗手

上课不举手就说话　注意关灯

帮老人、孩子开门　乱放东西

好习惯	坏习惯

三　说一说

你有哪些好习惯？是怎样养成的？

第六课 妈妈教我写日记

练习一　　　练习二　　　练习三

一　写生词

篇				
酷				
句				
哇				
蚯	蚓			
吵	架			

晚	会			
舞	台			
表	演			
舞	蹈			
文	章			

二　组字

加＋木 —□　　　立＋早 —□

口＋少 —□　　　虫＋引 —□

三　连线

吵　　章　　舞　　蹈　　表　　式

文　　架　　午　　饭　　形　　演

四　组词

舞_____　　形_____　　章_____

第六课
妈妈教我写日记

五 造句

像……一样＿＿＿＿＿＿＿＿＿＿＿＿＿＿＿＿＿＿＿＿＿＿＿

六 写日记

提示：今天有什么高兴的事想写一写，或者有什么不高兴的事想对日记本说？

七 读课文两遍

第六课
妈妈教我写日记

练习一　**练习二**　练习三

一　蚯蚓和蜘蛛比谁"酷"

　　1. 蚯蚓和蜘蛛比吃纸。　　　　蚯蚓　✓　蜘蛛____

　　2. 蚯蚓和蜘蛛比织网。　　　　蚯蚓____蜘蛛____

　　3. 蚯蚓和蜘蛛比松土。　　　　蚯蚓____蜘蛛____

　　4. 蚯蚓和蜘蛛比快跑。　　　　蚯蚓____蜘蛛____

二　说一说

　　为什么蜘蛛对蚯蚓说："有脚才算酷！"

　　你要是蚯蚓，你怎么回答？

三　写日记

　　提示：今天看见什么事情？有什么想法？

第六课 妈妈教我写日记

练习一　　练习二　　**练习三**

一 根据课文判断对错

1. 蚯蚓忘了带午饭。　　＿＿对＿＿错

2. 蚯蚓把作业吃了。　　＿＿对＿＿错

3. 蚯蚓会吃纸。　　＿＿对＿＿错

4. 蚯蚓和兔子吵架。　　＿＿对＿＿错

5. 蜘蛛说有手才算酷。　　＿＿对＿＿错

6. 小飞虫飞到妈妈的鼻子上。　　＿＿对＿＿错

7. 妈妈小时候跳舞跳得很好。　　＿＿对＿＿错

二 再写一篇有趣的日记

三 读一读自己的三篇日记，有意思吗

第八课 要是你在野外迷了路

练习一　　练习二　　练习三

一　写生词

闯					
细					
迷	路				
千	万				
慌	张				
天	然				
准	确				
方	向				

向	导				
树	影				
永	远				
特	别				
观	察				
指	南	针			
北	极	星			

二　组字

辶 + 米 — ☐　　　　门 + 马 — ☐

弓 + 长 — ☐　　　　纟 + 田 — ☐

三　下列汉字是由哪几部分组成的

特：(牛) + (土) + (寸)

别：(　　) + (　　) + (　　)

确：(　　) + (　　)

第八课 要是你在野外迷了路

练习一　**练习二**　练习三

一　组词

迷_____　慌_____　向_____　准_____

闯_____　导_____　永_____　察_____

二　每字组两词

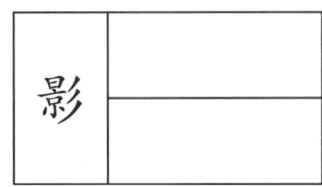　　

三　根据课文判断对错

1. 你在野外迷了路，太阳是个向导。　　___对___错

2. 北极星永远高挂在南方。　　___对___错

3. 大树枝叶少的一面是北方。　　___对___错

4. 大自然有许多天然的指南针。　　___对___错

四　选择填空

1. 请不要_____扔东西。（乱　刮　舌）

2. 冬天_____起了大风。（乱　刮　舌）

3. 星期日我们全家一起去看_____。（电影　影子）

第八课 要是你在野外迷了路

练习二

五 造句

1. 只要……就……＿＿＿＿＿＿＿＿＿＿＿＿＿＿＿＿＿＿

2. 要是……就……＿＿＿＿＿＿＿＿＿＿＿＿＿＿＿＿＿＿

六 熟读课文

第八课
要是你在野外迷了路

练习一　　练习二　　**练习三**

一　选择适当的文字写在图下，并在图上标出方向

1. 太阳就是个向导，
   中午的时候，
   地上的树影正指着北方。

2. 夜晚，北极星是指路灯，
   它永远高挂在北方。

3. 秋天大雁南飞。

4. 阴雨天，大树也会来帮忙，
   枝叶多的一面是南，
   枝叶少的一面是北。

_____

_____

_____

_____

_____

_____

第八课 要是你在野外迷了路

练习一　练习二　**练习三**

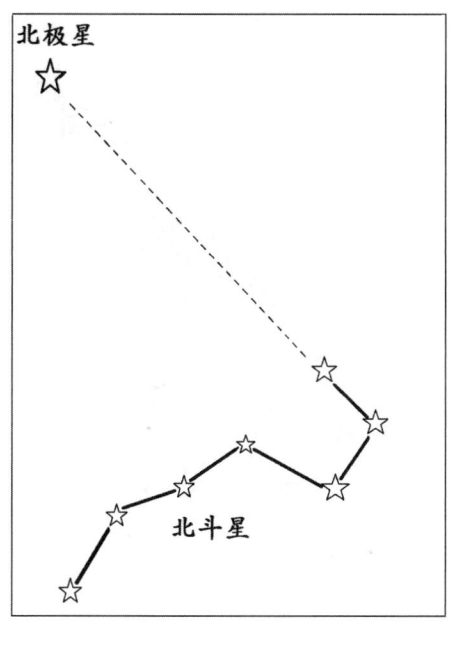

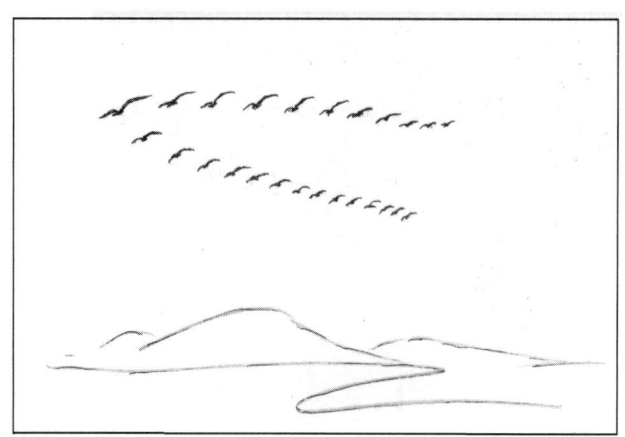

_____

_____

_____

_____

_____

_____

二　猜字谜

"马"进门_____　　　"口"进门_____

"人"进门_____　　　"耳"进门_____

三　背诵诗歌《静夜思》

第十课 刘姥姥吃鸡蛋

练习一  练习二  练习三

一 写生词

刘					
位					
姓					
锅					
烫					
癌					
姥	姥				

分	钟				
报	纸				
细	菌				
破	坏				
营	养				
糊	涂				
收	音	机			

二 组字

钅+ 中 — □   纟+ 田 — □

石 + 皮 — □   土 + 不 — □

三 "锅"字里可看成几部分？写出来

□　　□　　□
1　　2　　3

四 读课文一遍

第十课 刘姥姥吃鸡蛋

练习一　　★ 练习二　　练习三

一　把有关联的词语放在一组

营养　报纸　锅　破坏　刘　煮　姓　看

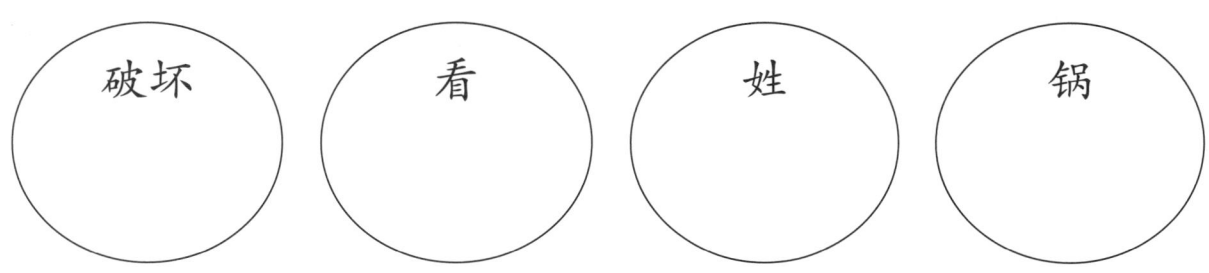

二　根据课文判断对错

1. 刘姥姥爱吃熟鸡蛋。　　　　　　　　　　　___对___错

2. 收音机里说："煮鸡蛋的时间长一点儿好。"　___对___错

3. 电视上说："煮熟的鸭蛋放凉水里好。"　　　___对___错

4. 刘姥姥糊涂了，不知听谁的好。　　　　　　___对___错

三　选词填空

1. 爷爷喜欢看中中文_____。（报纸　看报）

2. 刘姥姥喜欢一边吃鸡蛋，一边_____。（报纸　看报）

3. 哥哥_____参加学校篮球队了。（报纸　报名）

第十课 刘姥姥吃鸡蛋

练习一　**练习二**　练习三

4. 妈妈总是_____地照顾我们。（细心　细菌）

5. 手上有_____，饭前要洗手。（细心　细菌）

四　你建议刘姥姥吃哪种鸡蛋？为什么？

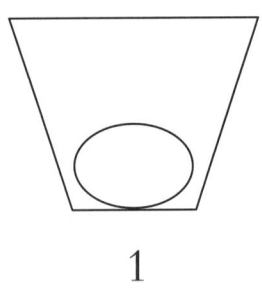 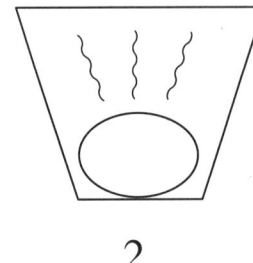 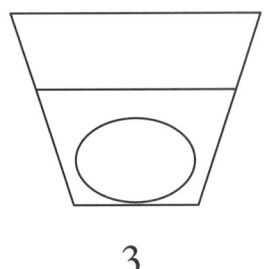

1　　　　　　　2　　　　　　　3

1. 煮了5分钟的鸡蛋

2. 煮了13分钟的鸡蛋

3. 煮了13分钟后，又放在凉水里的鸡蛋

建议：
_____
_____
_____

五　读课文一遍

第十课
刘姥姥吃鸡蛋

练习一　　练习二　　**练习三**

一　写出反义词

　　　熟——　　　　热——　　　　打开——

　　　晴——　　　　细——　　　　夜晚——

二　造句

　　　一边……一边……＿＿＿＿＿＿＿＿＿＿＿＿＿＿＿＿

三　写一写刘姥姥为什么没吃成鸡蛋？（至少五句）

四　说一说，你怎么吃鸡蛋？有那么难吗？

五　背诵古诗《敕勒歌》

第十二课 门铃

练习一　　练习二　　练习三

一 写生词

装					
按					
架					
野	猪				
敲	门				
兄	弟				

门	铃				
办	法				
梯	子				
长	颈	鹿			
够	不	着			

二 组字

口 + 向 — ☐　　　　木 + 弟 — ☐

加 + 木 — ☐　　　　句 + 多 — ☐

扌 + 安 — ☐　　　　口 + 儿 — ☐

三 每字组两词

　　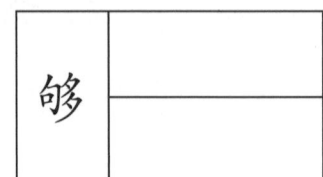　　敲 | |

第十二课 门铃

练习一　**练习二**　练习三

一　选词填空

> 够不着　兄弟　办法　装

"对不起，野猪_____，我知道你_____。可是你就不能想想_____吗？要是大家都像你这样，只敲敲门，那我的门铃不是白_____了吗？"

二　根据课文选择正确答案

1. 野猪的家离长颈鹿的家_____。

　　A. 很远　　　　B. 不远

2. 长颈鹿在家为什么不开门？_____。

　　A. 长颈鹿病了　　B. 长颈鹿新装了门铃

3. 野猪没按门铃是因为_____。

　　A. 野猪喜欢敲门　　B. 门铃装得太高

4. 野猪又来看长颈鹿，他背来了_____。

　　A. 一架梯子　　B. 好吃的糖　　C. 一张桌子

第十二课 门铃

练习一　　**练习二**　　练习三

5. 野猪爬上梯子按门铃，门铃不响，是因为＿＿＿＿＿＿。

　　A. 野猪没按对地方　　B. 门铃坏了

6. 野猪背来的梯子＿＿＿＿＿＿。

　　A. 有用　　B. 白背来了　　C. 不好用

7. 野猪两次来看长颈鹿，＿＿＿＿＿＿。

　　A. 他高高兴兴地进门了　　B. 都没能进门

三　把有关联的词语放在一组

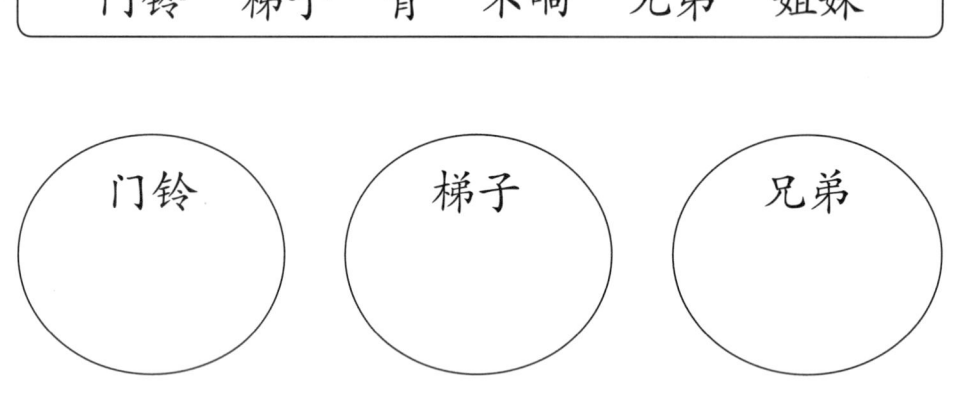

四　读课文三遍

第十二课 门铃

练习三

一 选词填空

1. 帮我拿一架_____来。（梯子　兄弟）

2. 车坏了，快点儿想个_____。（办法　门铃）

3. 这件衣服是_____的？（谁　准）

4. 我们可以坐电_____上去。（梯　第）

5. 哥哥跳高全班_____一。（梯　第）

6. 长颈鹿家新_____一个门铃。（装了　背来了）

7. 野猪又去看长颈鹿，_____一架梯子。（装了　背来了）

二 写一写如果你有个像长颈鹿一样的朋友，你会怎样？

三 讲一讲"门铃"的故事

第十四课 珊瑚

练习一

一 写生词

岛					
珊	瑚				
退	潮				
露	出				
美	丽				
除	了				
形	状				
其	实				
分	泌				

触	手				
不	断				
一	代				
死	亡				
石	灰	质			
各	种	各	样		
由	……	组	成		

二 组字

雨 + 路 — ☐ 　　　王 + 册 — ☐

角 + 虫 — ☐ 　　　王 + 胡 — ☐

三 "潮"字里可看成几部分？写出来

 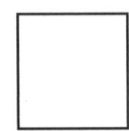 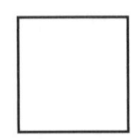 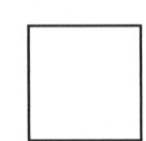 

　1　　　2　　　3　　　4　　　5

第十四课 珊瑚

练习一

四 谜语：十月十日（打一字）

五 组词

退_____ 露_____ 岩_____ 触_____

代_____ 岛_____ 质_____ 死_____

其_____ 形_____ 泌_____ 各_____

丽_____ 除_____ 断_____ 珊_____

六 读课文一遍

第十四课 珊瑚

练习一　　练习二　　练习三

一　根据课文判断对错

1. 大海退潮了，海面上露出了珊瑚。　　　＿＿对＿＿错

2. 珊瑚是长在海里的植物。　　　　　　　＿＿对＿＿错

3. 珊瑚是珊瑚虫分泌出来的石灰质。　　　＿＿对＿＿错

4. 珊瑚虫是海里的一种小动物。　　　　　＿＿对＿＿错

5. 珊瑚虫长着花瓣一样的触手。　　　　　＿＿对＿＿错

6. 中国的西沙群岛是由许多珊瑚岛组成的。＿＿对＿＿错

二　选词填空

> 色彩　　形状　　露出　　扇面

大海退潮了，海面上_____了美丽的珊瑚，有红的，有白的，还有花的。这些珊瑚除了_____美丽以外，_____也很奇怪。它们有的像鹿角，有的像_____，有的像树枝，有的像花朵。

第十四课 珊瑚

练习一　练习二　**练习三**

一　写出反义词

进—— 　　升起——

死亡—— 　　干净——

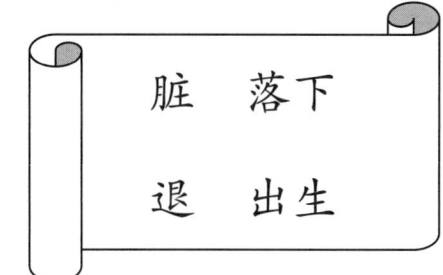

脏　落下
退　出生

二　造句

除……以外……_____

三　说一说

1. 珊瑚是海底的植物吗？

2. 珊瑚虫是海里的大动物还是小动物？

3. 珊瑚虫是生活在海底的岩石上吗？

4. 珊瑚虫的触手是什么样的，它的嘴呢？

四　读课文一遍

第十四课 珊瑚

练习一　练习二　**练习三**

五　写一写《奇妙的珊瑚》

提示：1. 珊瑚的颜色、形状、触手、口

　　　2. 试用句型：有的……，有的……，有的……

第十六课 参观兵马俑

练习一　　练习二　　练习三

一　写生词

跪				
参	观			
古	城			
历	史			
著	名			
秦	朝			
整	齐			
队	伍			

将	军			
士	兵			
骑	兵			
眉	毛			
导	游			
兵	马	俑		
博	物	馆		

二　组字

又 + 见 — ☐　　阝 + 人 — ☐

亻 + 五 — ☐　　纟 + 田 — ☐

三　"朝"字里可看成几部分？写出来

☐　☐　☐　☐

1　　2　　3　　4

四　读课文两遍

第十六课 参观兵马俑

练习二

一 组词

参_____ 历_____ 古_____ 兵_____

伍_____ 细_____ 整_____ 导_____

二 每字组两词

游	

将	

馆	

三 读下面两个句子,哪句有细节更生动,在句子细节下面画线

1. 兵俑做得好,兵俑的脸都不一样。

2. 兵俑做得像真人似的,连头发丝、眉毛都做得很像。我发现,没有两个兵俑的脸和发髻是一样的。

第十六课 参观兵马俑

练习一　　**练习二**　　练习三

四　涂色，并填写出各种兵俑的号码

将军俑_____　　步兵俑_____　　铠甲兵俑_____

跪射兵俑_____　　驾车兵俑_____

1　　2　　3　　4　　5

五　写出将军俑的服装与其他兵俑有什么不同

第十六课 参观兵马俑

练习一　　练习二　　**练习三**

一　写一篇叙事文

　　1. 写明：时间、地点、发生的事情

　　2. 层次分明（一般按时间顺序写）

　　3. 有细节

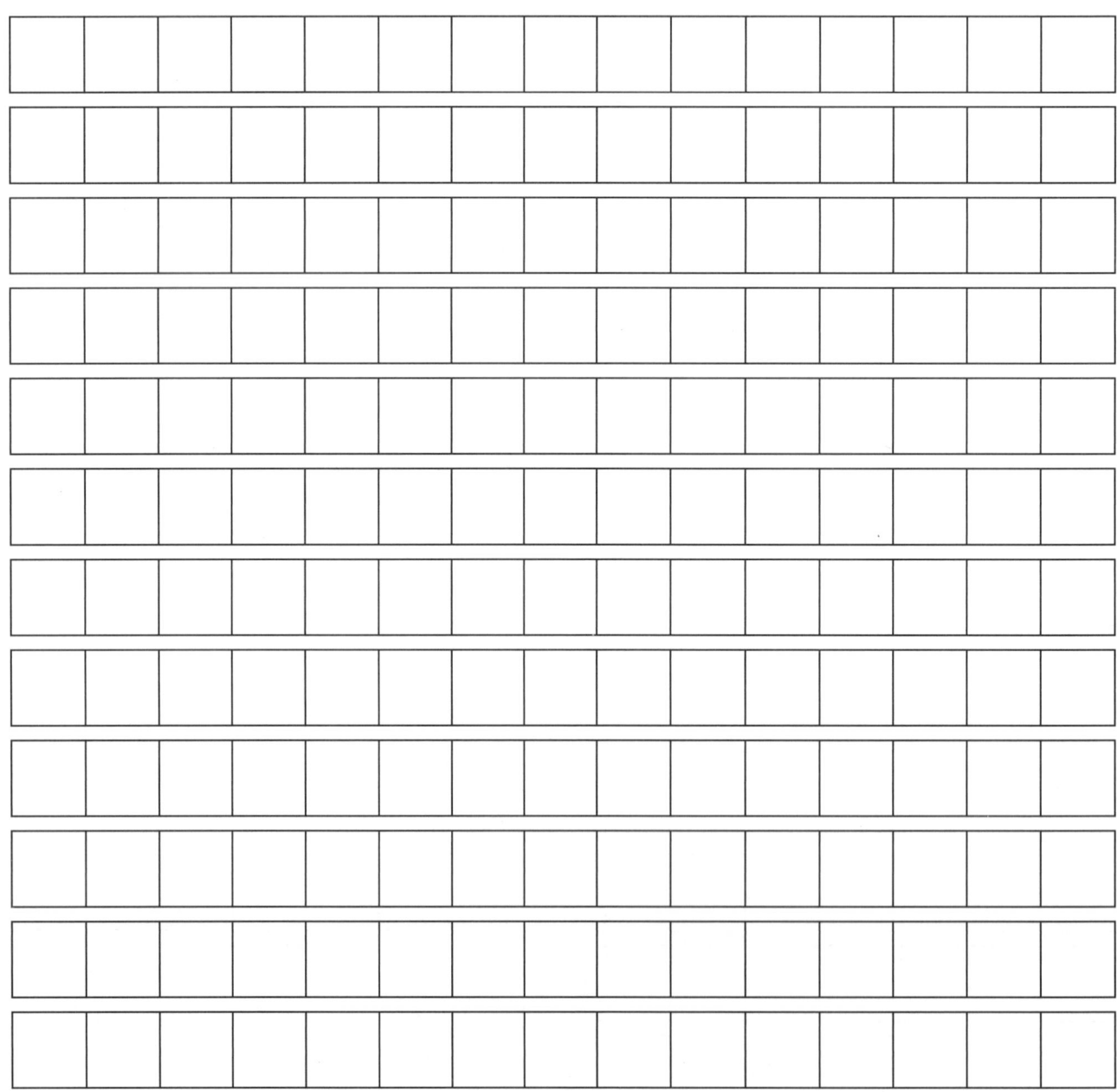

第十八课 牛郎织女

练习一　　　练习二　　　练习三

一 写生词

累						
布						
牛	郎					
人	间					
妻	子					
善	良					
答	应					

结	婚					
幸	福					
相	传					
农	历					
喜	鹊					
架	桥					
银	河					

二 组字

身 + 朵 — ☐　　　加 + 木 — ☐

女 + 昏 — ☐　　　木 + 乔 — ☐

三 组词

婚_____　善_____　架_____　相_____

妻_____　福_____　答_____　历_____

第十八课 牛郎织女

练习一　　★ 练习二　　☆ 练习三

一　读下面的字，看看每组字的不同

| 问 | 间 |　　| 相 | 想 |

二　每字组两词

| 问 | | 相 | | 间 | | 想 | |

三　根据课文判断对错

1. 从前有一个叫牛郎的年轻人是工人。　　＿＿对＿＿错

2. 天上的织女是偷偷下到人间来玩儿的。　　＿＿对＿＿错

3. 牛郎和织女相爱后结婚了。　　＿＿对＿＿错

4. 王母娘娘让孙悟空把织女抓回去了。　　＿＿对＿＿错

5. 一条滚滚的天河把牛郎织女分开了。　　＿＿对＿＿错

6. 每年农历七月七日喜鹊架桥，牛郎和织女相见。　　＿＿对＿＿错

7. 织女是仙女，但是没有自由。　　＿＿对＿＿错

第十八课 牛郎织女

练习一　练习二　**练习三**

一　找出四对反义词，写出来

| 天上　聪明　买　丈夫　糊涂　卖　妻子　人间 |

1. ☐ — ☐　　2. ☐ — ☐

3. ☐ — ☐　　4. ☐ — ☐

二　选词填空

| 天神　偷偷　滚滚的　银河　眼看 |

几年过去了。王母娘娘听说织女_____下到人间，非常生气，就让_____去抓织女。牛郎挑着两个孩子去追织女，_____就要追上时，王母娘娘把头上的玉簪扔了出去，变成一条_____大河，把牛郎织女分开了。中国人把这条天河叫_____。

三　选择填空

1. 分开牛郎和织女的天河是_____。（银河　黄河）

2. 牛郎挑着两个_____去追织女。（孩子　女儿）

第十八课 牛郎织女

练习一　　练习二　　★ 练习三

3. 成千上万喜鹊架的桥叫_____。（鹊桥　鸟桥）

4. 每年农历七月七日是中国的_____。（春节　七夕节）

四　写一写

织女喜欢在天上还是在人间？为什么？（不少于5句）

提示：1. 织女在天上是仙女，天天织云彩，累了，就偷偷下到人间看看，但不能让王母娘娘知道。仙女可以永远活着的。

2. 织女在人间，有牛郎的爱情，有心爱的孩子。牛郎下田种地，织女在家织布，照看孩子。一家人高高兴兴，她可以和牛郎白头到老。

第二十课 梁山伯与祝英台

练习一　　练习二　　练习三

一 写生词

祝					
梁					
扮					
遇					
编					
求	婚				
拒	绝				
出	嫁				
悲	痛				

去	世				
坟	墓				
裂	开				
流	传				
戏	剧				
乐	曲				
小	提	琴			
心	心	相	印		

二 组字

女 + 家 — ☐　　　　列 + 衣 — ☐

非 + 心 — ☐　　　　木 + 目 — ☐

第二十课 梁山伯与祝英台

练习一　　　练习二　　　练习三

三　读下面的字，再组词

家　嫁　　　　巨　拒

家_____　　　　巨_____

嫁_____　　　　拒_____

四　在方框中圈出下列词语

1. 流传　2. 遇到　3. 小提琴　4. 心心相印　5. 求婚

6. 悲痛　7. 拒绝　8. 去世　9. 出嫁　10. 坟墓

11. 裂开　12. 戏剧　13. 乐曲

窗	求	小	坟	拒	绝
浙	婚	心	提	流	传
出	乐	心	遇	琴	戏
嫁	坟	相	印	到	乐
墓	裂	印	戏	剧	曲
开	悲	痛	去	世	相

| 第二十课 梁山伯与祝英台 | 练习一 | ★ 练习二 | 练习三 |

一 写出反义词

悲痛——　　　　　　　　　拒绝——

二 词语解释

书生_____

女扮男装_____

三 根据课文判断对错

1. 祝英台聪明活泼，她女扮男装到外地读书。　___对___错

2. 梁山伯开始不知道祝英台是个女子。　___对___错

3. 祝英台深爱梁山伯，就向他说了。　___对___错

4. 梁山伯去祝家求婚，祝英台父母同意了。　___对___错

5. 梁山伯和祝英台化成美丽的彩蝶。　___对___错

6. 著名小提琴曲《梁祝》是中国人喜爱的乐曲。　___对___错

第二十课 梁山伯与祝英台

练习一　**练习二**　练习三

四　根据课文选词填空

> 书生　女扮男装　亲如兄弟　一路同行
> 悲痛　心心相印

1. 祝英台是个美丽的姑娘，一心想上学，于是_____到外地读书。

2. 路上她遇到了年轻的_____梁山伯，两人一见面就成了好朋友。

3. 他们_____，又在一起读书三年，_____。

4. 梁山伯回想他们一起学习的美好时光，觉得两人真的是_____。

5. 梁山伯求婚不成，_____去世。

五　将词语和对应的解释连线

亲如兄弟　　　　　两人互相了解，感情一致

一路同行　　　　　关系亲密像兄弟一样

心心相印　　　　　女人装扮成男人的样子

女扮男装　　　　　一起在旅行的路上

第二十课 梁山伯与祝英台

练习一　　练习二　　**练习三**

一　画一画

请以《梁祝》为题目，画一幅图画

第二课　听写

1.	2.	3.	4.
5.	6.	7.	8.
9.	10.	11.	12.

第四课　听写

1.	2.	3.	4.
5.	6.	7.	8.
9.	10.	11.	12.

第六课　听写

1.	2.	3.	4.
5.	6.	7.	8.
9.	10.	11.	12.

第八课　听写

1.	2.	3.	4.
5.	6.	7.	8.
9.	10.	11.	12.

第十课　听写

1.	2.	3.	4.
5.	6.	7.	8.
9.	10.	11.	12.

第十二课　听写

1.	2.	3.	4.
5.	6.	7.	8.
9.	10.	11.	12.

第十四课　听写

1.	2.	3.	4.
5.	6.	7.	8.
9.	10.	11.	12.

第十六课　听写

1.	2.	3.	4.
5.	6.	7.	8.
9.	10.	11.	12.

第十八课　听写

1.	2.	3.	4.
5.	6.	7.	8.
9.	10.	11.	12.

第二十课　听写

1.	2.	3.	4.
5.	6.	7.	8.
9.	10.	11.	12.

1.	2.	3.	4.
5.	6.	7.	8.
9.	10.	11.	12.

1.	2.	3.	4.
5.	6.	7.	8.
9.	10.	11.	12.

1.	2.	3.	4.
5.	6.	7.	8.
9.	10.	11.	12.

1.	2.	3.	4.
5.	6.	7.	8.
9.	10.	11.	12.

1.	2.	3.	4.
5.	6.	7.	8.
9.	10.	11.	12.

1.	2.	3.	4.
5.	6.	7.	8.
9.	10.	11.	12.

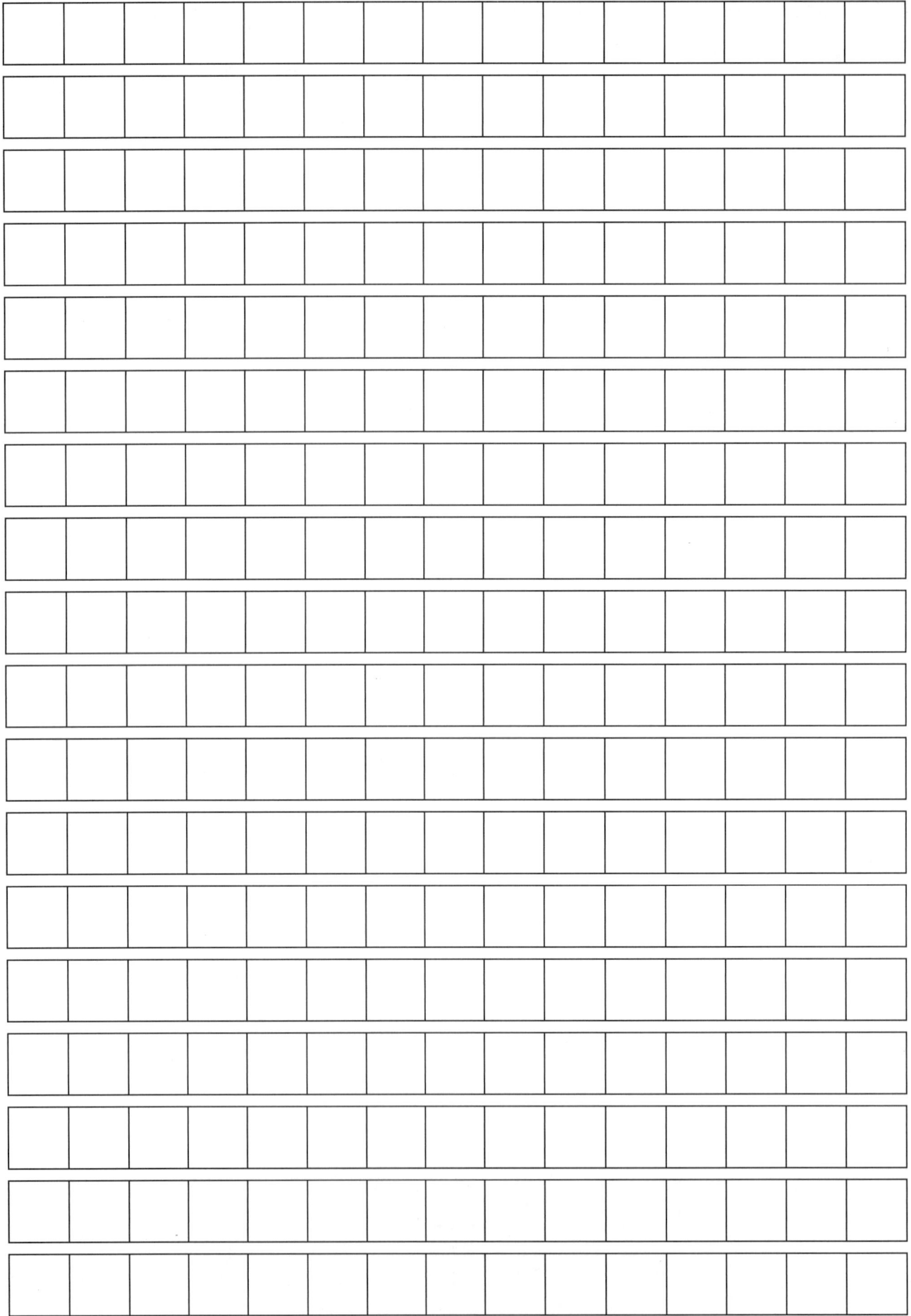

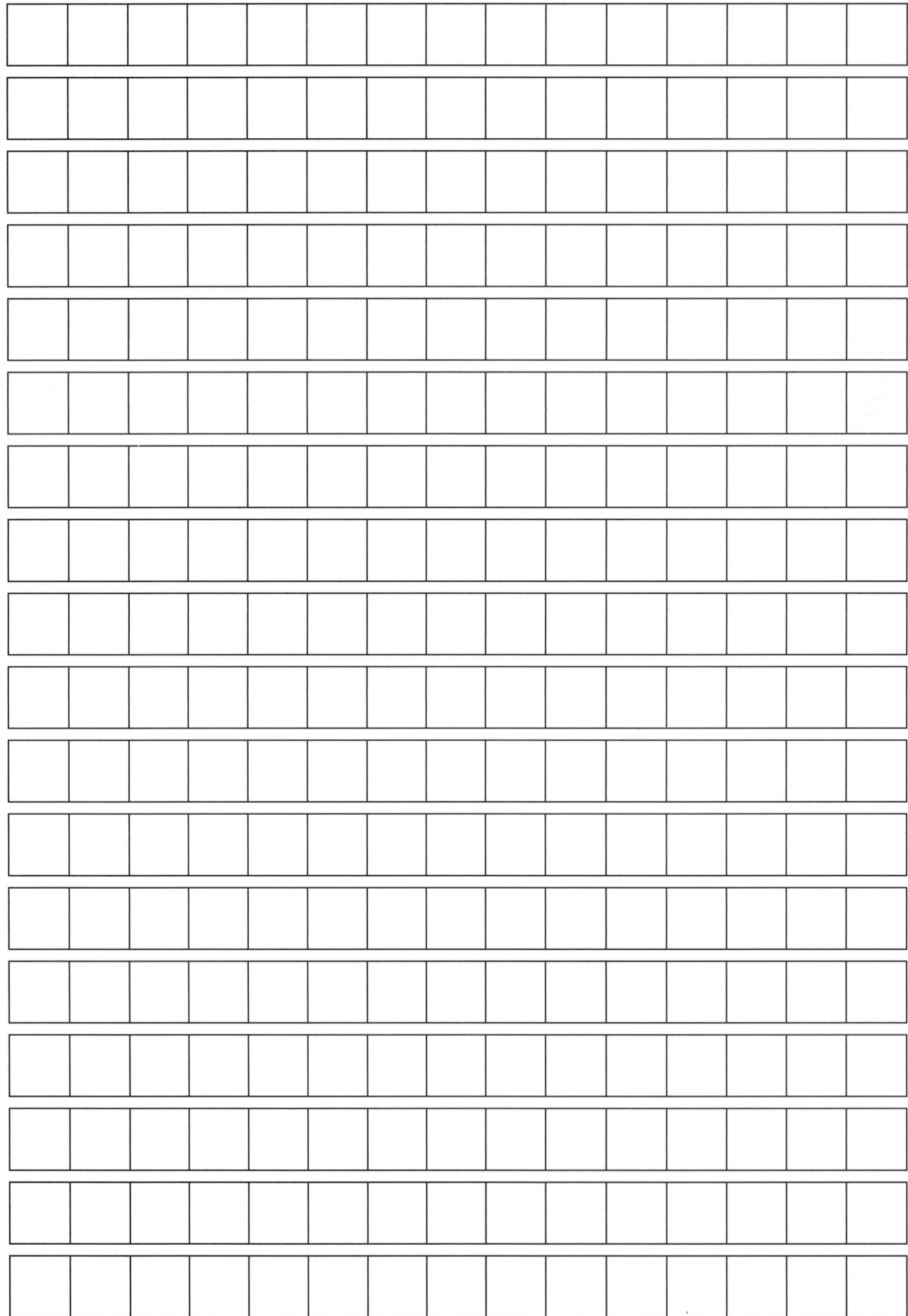